首都圏版㉒

最新入試に対応！家庭学習に最適の問題集!!

# 慶應義塾
# 横浜初等部



## 2024年度版 過去問題集

### 合格までのステップ

2020 ~ 2023年度
過去問題を掲載

日本学習図書 ニチガク

# ニチガクの家庭学習支援 Web学習サポートサービス

## こんなこと…ありませんか？

「ニチガクの問題集…買ったはいいけど、、、
この問題の教え方がわからない（汗）」

## メールでお悩み解決します！

- ☆ ホームページ内の専用フォームで必要事項を入力！
- ☆ 教え方に困っているニチガクの問題を教えてください！
- ☆ 確認終了後、具体的な指導方法をメールでご返信！
- ☆ 全国どこでも！ スマホでも！ ぜひご活用ください！

<質問回答例>

**学習のポイント**

推理分野の学習では、後の学習に活きる思考力を養うことができます。ご家庭で指導する場合にも、テクニックにたよらず、保護者の方が先に基本的な考え方を理解した上で、お子さまによく考えさせることを大切にして指導してください。

Q.「お子さまによく考えさせることを大切にして指導してください」と学習のポイントにありますが、考える習慣をつけさせるためには、具体的にどのようにしたらいいですか？

A.お子さまが考える時間を持てるように、質問の仕方と、タイミングに工夫をしてみてください。
たとえば、「答えはあっているけど、どうやってその答えを見つけたの」「答えは○○なんだけど、どうしてだと思う？」という感じです。はじめのうちは、「必ず30秒考えてから手を動かす」などのルールを決める方法もおすすめです。

まずは、ホームページへアクセスしてください!!

http://www.nichigaku.jp　日本学習図書　検索

目指せ！合格！

# 家庭学習ガイド
# 慶應義塾横浜初等部

ペーパー　行動観察　巧緻性　制 作　口頭試問　運 動

## 入試情報

応 募 者 数：非公表
出 題 形 態：１次試験：ペーパーテスト、２次試験：ノンペーパーテスト
面　　　接：なし
出 題 領 域：ペーパー（お話の記憶、図形、数量）、巧緻性、制作、運動

## 入試対策

2023 年度の志願者数は非公表となっておりますが、2022 年度は、男子 66 名・女子 42 名の募集に 1,539 名（男子 854 名・女子 685 名）が応募しました。首都圏の私立小学校では、トップクラスの志願者数となっています。試験は 2022 年度と同様に、1 次試験（ペーパーテスト）を通過した志願者が、2 次試験（巧緻性・制作・運動）に進む 2 段階選抜の形式に変化はありません。1 次試験のペーパーテストは「お話の記憶」「図形」「数量」から出題されました。本校では解答時間が短いことから、問題内容をすぐに理解して解き進めていく必要があります。試験時間は約 90 分で、男女とも 4 月生まれから順に 1 グループ 15 名前後で行われます。いずれもよく指示を聞くこと、積極的に取り組むことが重要です。面接はありませんが、願書には志望理由とともに、課題図書について保護者の方が感じたことを記載します。2023、2022、2021 年度は慶應義塾創立者の福沢諭吉著『福翁百話』、2020 年度は元慶應義塾塾長・小泉信三の伝記が課題図書でした。願書の記入方法についても細かな決まりが定められていますので、早くから準備しておくことを強くおすすめいたします。

●ペーパーテストそのものは標準的な内容です。2022、2021 年度は、12 色のクレヨンを使い、解答の色やマークが問題ごとに指定されていました。2023 年度は、さらにクーピーペンが加わりましたが、茶色のクレヨンと青色のクーピーペンのみ使用しました。問題だけではなく、最後まで指示をしっかりと聞くようにしましょう。

●制作課題では、作成した作品を他の受験者と交換し、他の受験者が描いた絵をもとに２枚目の絵を制作するという、特徴的な問題が出題されました。成果物の出来だけでなく、他人が描いた絵を読み取る力も観られます。しっかり対策しておきましょう。

# 「慶應義塾横浜初等部」について

## 〈合格のためのアドバイス〉

当校の募集人数は男子66名、女子42名の計108名です。2023年度の受験者数は非公表となっていますが、2022年度の受験者数は多く、倍率で見ると首都圏トップクラスの難易度となっています。倍率が高い学校では、1問の間違いが結果に大きく影響します。各問題、取りこぼしがないよう、しっかりと対応しましょう。時間が経った時は、見直すことを身につけることをおすすめいたします。ペーパーテスト自体は、小学校受験としてはオーソドックスな内容です。お話の記憶・図形・数量と、各分野からバランスよく出題されているので、さまざまな分野をひと通り理解し、習得する必要があります。また、1問あたりの解答時間が短いことが特徴です。内容を素早く理解して解答することを意識して学習に取り組んでください。

2次試験では、巧緻性、運動、制作の試験が行われました。運動は、マット、ラダーや平均台、球を使ったサーキット運動です。年齢相応の体力と運動能力があれば問題なく対応できますが、指示やお手本をしっかり見聞きすることが重要です。制作は、セットで行われ、制作したものをお友だちと交換し、お友だちが描いた絵について質問をされ、その答えを絵で描くという、特徴的な問題が出題されました。予期していない問題が出題された時に、瞬時に対応できるかどうかを観られています。まずは、自分がなぜその絵を描いたのか、理由を説明できるようにしておきましょう。集団の中でどのように行動するかを観察する試験です。マナーを守ることはもちろん、積極的に楽しみながら取り組みましょう。

制作中には先生が巡回し、制作物について「何を描いていますか」「なぜそれを描こうと思ったのですか」などの質問をします。ここでは作業の手を止めて先生の顔を見ながら、ていねいな言葉で答えられるようにしましょう。

制作の課題では、創造力・発想力・表現力も必要ですが、加えて道具や材料をていねいに扱うこと、後片付けをきちんと行うことも観られます。ご家庭ではお子さまの自由な表現を尊重しつつ、ものの扱い方や後片付けなどの態度やマナーについても指導してください。

## 〈2023年度選考〉

＜1次試験＞

◆ペーパーテスト（お話の記憶・図形・数量）

＜2次試験＞

◆巧緻性

◆運動

◆制作

### ◇過去の応募状況

2023年度 非公表
2022年度 男子854名 女子685名
2021年度 男子800名 女子679名

### 入試のチェックポイント

◇受験番号は…「ランダムに決める」
◇生まれ月の考慮…「あり」

# 慶應義塾横浜初等部

# 過去問題集

## 〈はじめに〉

現在、少子化が叫ばれているにもかかわらず、私立・国立小学校の入学試験には一定の応募者があります。入試は、ただやみくもに学習するだけでは成果を得ることはできません。志望校の過去における出題傾向を研究・把握した上で、練習を進めていくこと、試験までに志願者の不得意分野を克服していくことが必須条件です。そこで、本問題集は小学校を受験される方々に、志望校の出題傾向をより詳しく知って頂くために、出題頻度の高い問題を結集いたしました。最新のデータを含む精選された過去問題集で実力をお付けください。

また、志望校の選択には弊社発行の「**2024年度版　首都圏・東日本　国立・私立小学校　進学のてびき（5月25日刊行予定）**」をぜひ参考になさってください。

## 〈本書ご使用方法〉

◆出題者は出題前に一度問題を通読し、出題内容などを把握した上で、〈 **準　備** 〉の欄に表記してあるものを用意してから始めてください。
◆お子さまに絵の頁を渡し、出題者が問題文を読む形式で出題してください。問題を読んだ後で、絵の頁を渡す問題もありますのでご注意ください。
◆「**分野**」は、問題の分野を表しています。弊社の問題集の分野に対応していますので、復習の際の目安にお役立てください。
◆一部の描画や工作、常識等の問題については、解答が省略されているものがあります。お子さまの答えが成り立つか、出題者が各自でご判断ください。
◆〈 **時　間** 〉につきましては、目安とお考えください。
◆本文右端の［**○年度**］は、問題の出題年度です。［**2023年度**］は、「2022年の秋に行われた2023年度入学志望者向けの考査で出題された問題」になります。
◆**学習のポイント**は、指導の際にご参考にしてください。
◆**【おすすめ問題集】**は各問題の基礎力養成や実力アップにご使用ください。

## 〈本書ご使用にあたっての注意点〉

◆文中に **この問題の絵は縦に使用してください。** と記載してある問題の絵は縦にしてお使いください。
◆〈 **準　備** 〉の欄で、クレヨン・クーピーペンと表記してある場合は12色程度のものを、画用紙と表記してある場合は白い画用紙をご用意ください。
◆文中に **この問題の絵はありません。** と記載してある問題には絵の頁がありませんので、ご注意ください。なお、問題の絵の右上にある番号が連番でなくても、中央下の頁番号が連番の場合は落丁ではありません。
下記一覧表の●が付いている問題は絵がありません。

| 問題1 | 問題2 | 問題3 | 問題4 | 問題5 | 問題6 | 問題7 | 問題8 | 問題9 | 問題10 |
|---|---|---|---|---|---|---|---|---|---|
| | | | | | | ● | ● | | |
| 問題11 | 問題12 | 問題13 | 問題14 | 問題15 | 問題16 | 問題17 | 問題18 | 問題19 | 問題20 |
| | | | | | | ● | | | |
| 問題21 | 問題22 | 問題23 | 問題24 | 問題25 | 問題26 | 問題27 | 問題28 | 問題29 | 問題30 |
| | | | | ● | | ● | | | |
| 問題31 | 問題32 | 問題33 | 問題34 | 問題35 | 問題36 | | | | |
| | | | ● | ● | ● | | | | |

# (得) 先輩ママたちの声！

◆実際に受験をされた方からのアドバイスです。
ぜひ参考にしてください。

## 慶應義塾横浜初等部

・日々の積み重ねと経験が結果につながったと思います。日頃から習い事でスポーツをがんばったり、お友だちと外でたくさん遊ぶなどすることで、最後までがんばる力とコミュニケーション能力が培われたと思います。家庭でもお手伝いをしっかりさせました。また、カブトムシを飼ったり植物を育てたりして観察眼を深めたことが、工作や絵の学習にもつながりました。

・お話の記憶は必ず出るので満点を取れるようトレーニングした方がいいです。満遍なく出題されますが、どれも基礎的な内容です。

・幅広い考査内容ですが、ペーパーへの対策は絶対に必要と感じました。

・ペーパーは簡単ですが、スピードは早いです。

・11月後半の試験となり、親子で集中力を保つのが難しく、体調も微熱の中での試験となり、なかなか厳しい状況でした。ただ試験中は切り換えができたようで、絵画２枚目が慣れない問題で焦ってしまったということ以外は、本人はよくできたと言っておりました。

・webから願書を印刷する学校が多い中、当校は学校での購入になります。売り切れることもありますので、早めに複数枚購入しておくことをおすすめします。記入について、細かい書き方のきまりがあるので、コピーして下書きをするなど、慎重に記入する必要があります。

・福翁百話は早めに読んでおいたほうがよいです。

・保護者は講堂で待機となり、トイレ以外は離席できません。

・出願書類の課題図書は変わる可能性があります。書籍は例年売り切れになるので、電子書籍で読むなど、冷静に対応するのが賢明だと思います。また、過去に課題となった本は読んでおき、福澤先生の考え方をあらかじめよく理解しておく必要があるでしょう。

・絵画は、画力より先生からの質問への態度が大切です。

◎学習効果を上げるため、前掲の「家庭学習ガイド」及び「合格のためのアドバイス」をお読みになり、各校が実施する入試の出題傾向を、よく把握した上で問題に取り組んでください。
※冒頭の「本書のご使用方法」「ご使用にあたっての注意点」も併せてご覧ください。

## 2023年度の最新入試問題

### 問題1　分野：お話の記憶

〈準備〉　クレヨン（12色）

〈問題〉　お話を聞いて後の質問に答えてください。

春休みのある日、花子さんは、ワクワクした気持ちで目が覚めました。今日は、お父さんとお母さんと一緒に、公園でお花見をする日だからです。空は雲が多く、薄暗いですが、花子さんとお父さんとお母さんはお弁当を持って家を出ました。ところが、公園に向かう電車に乗ると、混んでいて座れませんでした。花子さんは、ほかの人にぶつからないよう、手すりにつかまりながら降りる駅まで行きました。公園に着くと、すでにお花見をしている人たちでいっぱいでした。花子さんたちは、しばらく公園の中をお散歩して、座れる場所を探しました。すると、ベンチでおにぎりを食べていた家族が、「よかったらどうぞ。」と場所をゆずってくれました。花子さんたちは、お礼を言い、ベンチに座ってお弁当を広げました。お父さんとお母さんはいなり寿司、花子さんは海苔巻きです。さっそく食べようと思ったそのとき、桜の木の枝を折って遊んでいる子の姿が見えました。その様子を見て、花子さんは、とてもがっかりしました。ふと上を見ると、いつの間にか晴れていることに気が付きました。ご飯を食べ終わったあとは、桜並木を歩いて、桜を楽しみました。帰る途中、おいしそうなお団子を売っている屋台があったので、おばあちゃんに持っていってあげるために買いました。雲一つない青空のもとで咲いている満開の桜はとてもきれいで、花子さんは幸せな気持ちになりました。

（問題1－1を渡す）
①お話の中で出てこなかったものは何ですか。上の段の絵から選んで、茶色のクレヨンで○をつけてください。
②花子さんが食べたものは何ですか。下の段の絵から選んで、茶色のクレヨンで○をつけてください。
（問題1－2を渡す）
③花子さんががっかりしたのはなぜですか。茶色のクレヨンで選んで○をつけてください。

〈時間〉　各15秒

〈解答〉　①左から2番目（水筒）②右端（海苔巻き）
③右下（桜の木の枝を折っている子）

## 学習のポイント

お話の記憶は、記憶力や理解力だけでなく、集中力、想像力も観る問題です。一度にこれらの力を伸ばすには、普段の読み聞かせと体験の量が大きく関わります。問題を解くだけでなく、日頃から、絵本や昔話などに触れる機会を多く作るようにしてください。また、当校では、「～でないもの」という形式の問題が頻出となっています。お話の内容に出てこないものを選ぶということは、出てきたものをすべて覚えている必要があります。記憶が曖昧だと混乱してしまいますので、保護者の方はお子さまが問題を解いている様子を観察し、記憶できているかの確認をしてください。そして、読み聞かせは、ただ読んで聞かせるだけでなく、お話はどのような内容だったか、お子さまにいくつか質問をしたり、感想を伝え合ったりすると、内容の理解がさらに深まるでしょう。また、保護者の方がお話を読む際は、内容がしっかりとお子さまに伝わるよう、ゆっくりとていねいに読むことを心がけてください。

【おすすめ問題集】

1話5分の読み聞かせお話集①・②、お話の記憶 初級編・中級編、
Ｊｒ・ウォッチャー19「お話の記憶」、56「マナーとルール」

**家庭学習のコツ①　「先輩ママのアドバイス」を読みましょう！**

本書冒頭の「先輩ママのアドバイス」には、実際に試験を経験された方の貴重なお話が掲載されています。対策学習への取り組み方だけでなく、試験場の雰囲気や会場での過ごし方、お子さまの健康管理、家庭学習の方法など、さまざまなことがらについてのアドバイスもあります。先輩ママの体験談、アドバイスに学び、ステップアップを図りましょう！

## 問題2　分野：お話の記憶

〈準備〉　クーピーペン（12色）

〈問題〉　お話を聞いて後の質問に答えてください。

今日は待ちに待った日曜日。太郎くんは、お父さんとお母さんと海に行くこの日をずっと楽しみにしていました。昨日、雨が降っていたのが嘘のように、今日は朝からとてもいい天気で、太郎くんはますますお出かけが楽しみになりました。出かける準備をして、いざ出発です。電車に乗ってしばらくすると、電車の窓から海が見えました。それを見た太郎くんは、思わず「わあ！海だ！」と大きな声で叫んでしまいました。すると、お父さんに「ほかのお客さんのご迷惑になるから、大きい声を出してはいけないよ。」と叱られました。駅に着くと、潮の匂いに包まれました。海はもう近くです。浜辺に着くと、太陽に照らされた海がキラキラと輝いて見えました。これからみんなで潮干狩りです。太郎くんは、怪我をしないように手袋をつけました。とても暑いので、首にタオルをかけて汗を拭いたり、こまめにお茶を飲んだりしました。お昼は、みんなで採った貝で浜焼きをします。お父さんが焼いてくれている間に、太郎くんはお母さんと一緒に手を洗いに行って、ハンカチで手を拭きました。その時、砂浜に捨てられたゴミを見つけ、太郎くんは悲しい気持ちになりました。初めて食べるハマグリは、身がプリプリでとてもおいしかったです。お昼を食べた後は、みんなで海水浴をしました。太郎くんは、帰りの電車の中で、「また行きたいな」と思いました。

（問題2－1を渡す）
①手を洗う時に使ったものは何ですか。上の段の絵から選んで、青色のクーピーペンで○をつけてください。
②太郎くんはどんな顔をして帰りましたか。下の段の絵から選んで、青色のクーピーペンで○をつけてください。
（問題2－2を渡す）
③太郎くんが叱られたのはなぜですか。選んで青色のクーピーペンで○をつけてください。

〈時間〉　各15秒

〈解答〉　①左端（ハンカチ）　②左端（笑顔）　③右下（窓の外を見て騒いでいる）

### 学習のポイント

当校のお話の記憶は短いほうです。しかし、②の太郎くんが帰るときの表情が問われるなど、お話には直接出てきませんが、内容の流れを汲んで、想像して答えなければならない問題も出題されています。お話の記憶は、読み聞かせの量に加え、体験の量も大きく影響します。コロナ禍が続き、体験の量が少ないお子さまも多いと思います。しかし、遠出ができなくても、家の中や近くの公園、スーパーなど、コロナ禍という環境下でも身の回りにはたくさんのチャンスがあふれています。問題を繰り返し解くだけでなく、ご家庭で工夫して、さまざまな体験をさせるようにしましょう。また、2023年度はマナーや常識に関する内容がお話の記憶に含まれています。お子さまは、日常生活で身につけたことをそのまま解答として選択します。日頃からお子さまの行動に気を配るなど、対策を立てるようにしてください。

【おすすめ問題集】
1話5分の読み聞かせお話集①・②、お話の記憶 初級編・中級編、
Ｊｒ・ウォッチャー19「お話の記憶」、56「マナーとルール」

## 問題3　分野：図形（四方からの観察）

〈準 備〉　クレヨン（12色）

〈問 題〉　左の四角を見てください。どの方向から見ても当てはまらない形を、右の四角から選んで、茶色のクレヨンで○をつけてください。

〈時 間〉　1分

〈解 答〉　①右から2番目　②右端　③左から2番目　④右端

### 学習のポイント

当校では、積み木を利用した四方からの観察の問題が出題されることが多いため、苦手意識を持っているお子さまは克服しておいたほうがいいでしょう。そのために、まずは、具体物を使って図形をつくり、6面からの見え方をそれぞれ把握しましょう。見る角度によって見え方が違うということを、理解することから始めてください。それができたら、その見え方と、イラストで表された平面の立体図を結びつけられるようにしてください。段階ごとに練習することで、つまずいた時もどこが苦手なのかが明らかになるため、復習がしやすくなります。このような練習を重ねることで、入試でも、頭の中で具体物を描くことができるはずです。四方からの観察の問題は、立体図形の空間把握が非常に重要です。紙の上で問題を繰り返すだけでなく、具体物を「見て」「触って」理解するようにして、勉強するとよいでしょう。

【おすすめ問題集】

Ｊｒ・ウォッチャー10「四方からの観察」、53「四方からの観察　積み木編」

## 問題4　分野：図形（回転迷路）

〈準 備〉　クーピーペン（12色）

〈問 題〉　左側の形の●☆を右側の位置に来るように回転させると、どうなりますか。青色のクーピーペンで右側に書いてください。

〈時 間〉　1分

〈解 答〉　下図参照

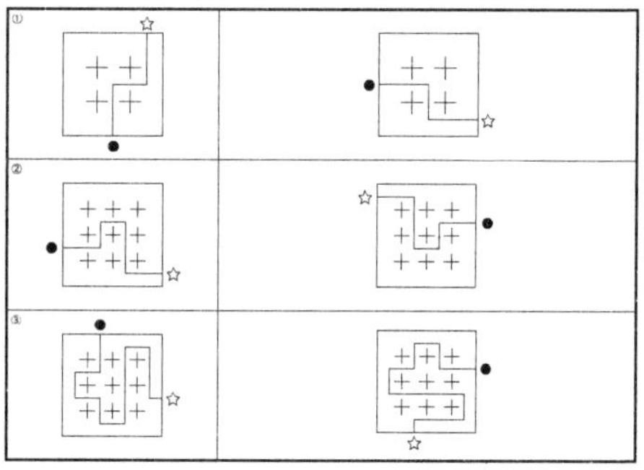

## 学習のポイント

回転図形と迷路を組み合わせた問題です。選択肢がなく、お子さまが直接書くため、難易度の高い問題といえるでしょう。回転図形が苦手であれば、まず、左側の形を模写することから始めてください。模写がきちんとできるようになったら、次は、回転した時の四辺の移動を理解することが必要です。また、回転方向の指示はありませんので、●と☆の位置をよく見て、どの方向に何回回転させれば右側の形になるかを、理解できていなければなりません。そこで、クリアファイルを使った学習をご紹介いたします。左側の図形の上にクリアファイルを重ね、四辺を色別のマーカーで上からなぞります。クリアファイルを回転させると解答になり、四辺の移動も理解できるでしょう。さらに、書く際は、●の位置を起点として書き始めると、ほかの線の位置関係も把握しやすくなります。これらのことを踏まえて、練習を積むようにしてください。

【おすすめ問題集】

Ｊｒ・ウォッチャー46「回転図形」

## 問題5　分野：数量（一対多の対応）

〈準備〉　クレヨン（12色）

〈問題〉　この問題の絵は縦に使用して下さい。

上の四角にある材料を使って、おでんのセットを作ります。いくつ作れますか。下の四角に、茶色のクレヨンでその数を○で書いてください。

〈時間〉　30秒

〈解答〉　○６つ

## 学習のポイント

この問題では、上の四角の材料から１つずつセットを作っていくという方法で数えてもよいですが、あまり効率的とは言えません。３種類のものをそれぞれ分けて数え、その上でいくつセットができるのかという考え方ができるようになるとよいでしょう。その解き方を用いると、上の四角の中では、こんにゃくが最も少ないことから、こんにゃくの個数はセットの数と同じであると考えることができ、早く解答を出せるだけでなく、ミスをする危険性も低くなります。効率的な方法で解けるようになるには、この分野の問題を繰り返し解き、慣れておく必要があります。また、この問題も具体物を取り入れることをおすすめします。身の回りのものでペアやセットをつくり、いくつできるか、実際に組み合わせながら数えましょう。勉強という意識を持たせず、いかに日常生活で問題を解く思考を養うことができるかがカギとなります。

【おすすめ問題集】

Ｊｒ・ウォッチャー42「一対多の対応」

## 問題6　分野：行動観察（集団）

〈準備〉　風船、うちわ

〈問題〉　この問題は絵を参考にして下さい。
3人1グループで行います。
チームのみんなで、羽子板のようにうちわで風船を打ってください。「やめ」の合図までラリーを続けます。風船が落ちてしまったら、拾ってもう一度始めてください。
「やめ」

〈時間〉　適宜

〈解答〉　省略

### 学習のポイント

この問題は、どれだけ長く続いたか、という結果より、お友だちとの協調性について観ていると考えてよいでしょう。もちろん積極的に動けていることは大切ですが、お友だちの近くに風船が飛んで来た時も自分が打とうとしたり、お友だちが失敗した時に文句を言って責めるのは、協調性に欠けていると判断されますので注意してください。また、当校で展開している３つの教育の柱のうち、「言葉の力の教育」というものがあります。ここには、他者との協働を可能にする聞く力と話す力を養うことが含まれています。指示が出ている時は、最後まで静かに聞くこと、そしてそれをきちんと守ることが大切です。人見知りのお子さまであれば、公園で初対面のお友だちと会う機会を多くつくってあげることをおすすめします。その際は、保護者の方はあまり口出しせず、お子さまの様子を見守り、自ら思考して行動する習慣をつけるとよいでしょう。

【おすすめ問題集】
Ｊｒ・ウォッチャー29「行動観察」

## 問題7　分野：巧緻性

〈準備〉　ペットボトルのキャップ20個

〈問題〉　この問題の絵はありません。
ここにあるペットボトルのキャップを、できるだけ高く積み上げてください。

〈時間〉　1分

〈解答〉　省略

## 学習のポイント

巧緻性の問題では、手先の器用さだけでなく、思考力や集中力も観ています。本番では、キャップを裏表交互に重ねていったという志願者もいるようです。大人にとっては簡単な作業でも、初めて行う子どもにとっては慣れないことが多く、お子さまによって上達のスピードが異なります。そして、途中で失敗しても、最後まで諦めない姿勢が大切です。練習の際は、お子さまがやっている様子を見守り、粘る姿勢を身につけましょう。また、この問題はスピードとていねいさが求められます。また、当校では「体験教育」を重視しており、展開している３つの教育の柱の１つにもなっています。コロナ禍で、体験の量が減少していると言われる中で、このように家の中にあるもので最大限の工夫をさせていたのか、ご家庭の過ごし方を観ている問題とも捉えることができます。特別な体験もお子さまにとってはもちろん刺激になりますが、柔軟な考えや対応力で、さまざまな体験をさせるようにしましょう。

【おすすめ問題集】
　Ｊｒ・ウォッチャー25「生活巧緻性」

## 問題8　分野：絵画（集団）

〈準備〉　クレヨン（12色）、画用紙

〈問題〉　この問題の絵はありません。
今から質問をします。答えを絵で描いてください。（①～③の中から選ぶ）
①あなたが嫌いな食べ物は何ですか。
②あなたはとてもお腹が空いています。何を食べたいですか。
③あなたは将来お店屋さんを開くとしたら、何屋さんがいいですか。

今描いた絵を、隣のお友だちと交換してください。今から質問をします。答えを絵で描いてください。（例：お友だちの絵が①であれば、①の質問に対する答えを絵で描く）
①この食べ物をお友だちが食べられるようにするには、どうしたらいいですか。
②この食べ物を、あなたはどこで食べたいですか。その場所で食べているところを描いてください。
③このお店をもっと素敵にするには、どうしたらいいですか。

〈時間〉　15分

〈解答〉　省略

### 学習のポイント

絵画の問題には、答えはありませんので、紙一面を使い、自由にのびのびと描くようにしましょう。本問の特徴は、お友だちの絵を見て質問され、その答えを絵で描くという点です。他校でも類を見ない問題のため、焦ってしまったというお子さまもいたようです。練習の際は、まず、お子さまが思うままに絵を描いてみてください。できあがったら、描いた絵を一つひとつ紹介してもらうだけでなく、「なぜそれを描いたのか」など、お子さま自身が描いた理由を説明できるような、一歩踏み込んだ質問をしてみてください。最終的には、全体を見て、この絵で何を伝えたいのかを自分の言葉で説明できるとよいでしょう。繰り返していくことで、だんだんと絵を言語化でき、お友だちの絵も考察することができるようになります。また、お友だちが描いた絵は、ていねいに扱いましょう。

【おすすめ問題集】

Ｊｒ・ウォッチャー22「想像画」、24「絵画」

## 問題9　分野：行動観察（サーキット運動）

〈準備〉　ビニールテープ２枚、マット、ラダー、平均台、球、的

〈問題〉　**この問題は絵を参考にして下さい。**

①先生が、はじめと言ったら、マットの上をクモ歩きで進んでください。
②ラダーは１マスごとに左右の足を交互に踏み入れて進んでください。
③平均台の上を歩いてください。
④全部で４球あります。２球は的に向かって投げ、もう２球はできるだけ遠くに投げてください。
⑤ゴールまで全力で走ってください。

〈時間〉　適宜

〈解答〉　省略

### 学習のポイント

2022年度に引き続き、サーキット運動が出題されました。先生やお友だちの前で行うため、あがってしまうと、普段の力が発揮できないこともあります。そのようなことにならないよう、落ち着いて行いましょう。また、指示と異なる動作をすると、減点になってしまいます。聞く態度も観られているので、しっかりと聞きましょう。お友だちと話していたり、フラフラしていたり、俯いたりしていると、指示を聞いていないと判断されますので注意してください。練習する際、保護者の方も真剣に取り組むようにして、本番でも集中できるような環境づくりを意識してください。また、途中ではできるだけ口出しをせず、最後まで通して取り組むことにも慣れておきましょう。しかし、まずは前提として、お子さま自身が自信をもって元気に取り組むことが大切です。年齢相応の運動能力があるかを観ていますので、途中で間違えてしまったとしても焦らず、最後まで集中することが大切です。

【おすすめ問題集】

Ｊｒ・ウォッチャー28「運動」、新運動テスト問題集

## 2022年度以前の入試問題

### 問題10　分野：お話の記憶

〈準備〉　クレヨン（12色）

〈問題〉　お話を聞いて後の質問に答えてください。

いつきくんは休みの日になると、大好きなおじいさんの家に遊びにいきます。いつきくんが遊びにいくとおじいさんは「困ったことがあったら、いつでもおいで。」と言い、ブドウ味の棒付きアイスをくれました。おじいさんは動物が好きで、中でも犬が大好きです。プッチという名前の犬を飼っていて、おじいさんとプッチは大の仲良しでした。おじいさんとプッチは、いつも一緒にいます。山に行くときも、川に行くときも、畑仕事をするときも、プッチはおじいさんのそばを離れません。おじいさんが自転車に乗るときは、後ろのかごにプッチを乗せます。プッチは、おじいさんと自転車に乗るのが大好きでした。ところがある日、おじいさんは体を悪くしてしまい、病院に入院することになりました。入院する前の日、おじいさんはプッチが動き回れるように、庭にある２本のツゲの木をロープでつなぎ、そこにプッチのひもをくっつけました。プッチは長い間、２本のツゲの木の間でおじいさんの帰りを待っていました。しかし、おじいさんはとうとう天国へ行ってしまいました。ひとりぼっちになったプッチも、しばらくすると天国へ行きました。その夜、いつきくんは夢を見ました。夢の中では、プッチがおじいさんを一生懸命追いかけていました。「がんばれ、がんばれ。おじいさんに追いつけ。」いつきくんは、プッチを応援しました。プッチがおじいさんに追いついたその時、いつきくんは目を覚ましました。「よかったね、プッチ。」いつきくんは、心の中でそう言いました。

①いつきくんがおじいさんにもらったものは何ですか。１番上の段の絵から選んで、緑色のクレヨンで△をつけてください。
②おじいさんとプッチが、一緒に行かなかった場所はどこですか。上から２段目の絵から選んで、黄色のクレヨンで×をつけてください。
③おじいさんが入院している時、プッチはどこにいましたか。下から２段目の絵から選んで、青色のクレヨンで□をつけてください。
④いつきくんはどんな夢を見ましたか。１番下の段の絵から選んで、赤色のクレヨンで○をつけてください。

〈時間〉　各15秒

〈解答〉　①左から２番目（棒付きアイス）　②右から２番目（プール）
③右から２番目（ツゲの木の間）　④左端（プッチがおじいさんに追いつく）

［2022年度出題］

### 学習のポイント

2020年度はお話の記憶は出題されませんでしたが、2021年度、2022年度は、聞く力、理解する力、記憶する力を観るために出題されました。決して長いお話ではありません。お話が非日常的な内容であったため、意識を集中させて聞いていないと、内容の理解が困難であったかもしれません。しっかりと内容を聞き取れるように、日頃から絵本の読み聞かせを行いましょう。その際、お子さまにどのようなお話だったか、登場人物がどんなことをしたのかなど、さまざまな質問をすることで、お話の細部を記憶することはもちろん、お子さまなりにお話を解釈し、お話の流れとともに全体を捉える力がついてきます。

【おすすめ問題集】

１話５分の読み聞かせお話集①・②、お話の記憶 初級編・中級編、
Ｊｒ・ウォッチャー19「お話の記憶」

## 問題11　分野：お話の記憶

〈準備〉　クレヨン（12色）

〈問題〉　お話を聞いて、後の質問に答えてください。

ある村に、お母さんと娘さんが暮らしていました。娘さんは一人前になったので、町のお金持ちの家で働くことになりました。親孝行な娘さんは、お母さんの似顔絵と鏡を持って出かけました。娘さんはお母さんが恋しくなると、鏡の横に置いてあるお母さんの似顔絵を見て話しかけます。「お母さん、今日も一生懸命働きました。お金が貯まったら、きっと帰りますからね。」お屋敷にいる男たちは、この娘さんが気に入りました。しかし、いくら話しかけてもお母さんのことばかりで、自分たちのことを好きになってくれません。そこで男の一人がお母さんのことを忘れさせようと、似顔絵を取り上げて、そのかわりにテングの面をおいておきました。そうとは知らない娘さんは、テングの面を見ておどろきました。お母さんに何かあったのかもしれないと考えた娘さんは、お屋敷のだんなさんに頼んで休みをもらうと、テングの面を持ってお母さんのところに帰って行きました。ところが帰る途中、山の中で山賊たちに捕まってしまいました。「わしらは町に仕事へ出かける。戻ってくるまでに火をおこしておけ。」山賊の親分にいわれ、娘さんは仕方なく、木を拾い集めて火をおこすことにしました。しかし、山の木はしめっていて、なかなか燃えません。けむりばかりで、けむくてたまらくなった娘さんは、テングの面をかぶって火をつけました。やっと火がついたので、今度は山賊たちがおいていったたいまつに火をうつしました。そうこうしていると、真夜中になって、小判や宝物を担いだ山賊たちが戻ってきました。すると、どうでしょう。恐ろしいテングが、たいまつの周りをうろうろしているのです。明かりに照らされて、テングの顔が、山賊たちをにらみつけました。山賊たちは、転がるようにして逃げていきました。いくら山賊でも、テングは怖いのです。騒ぎにおどろいた娘さんが面を取ってみると、そこには山賊たちがおいていった小判や宝物が山のように積まれています。娘さんはその小判や宝物を拾い、家に帰っていきました。

①娘さんがお金持ちの家に持って行ったのは、鏡と何ですか。１番上の段の絵から選んで、青色のクレヨンで△をつけてください。
②お屋敷にいた男が、お母さんの似顔絵の代わりにおいていったものはどれですか。上から２段目の絵から選んで、赤色のクレヨンで○をつけてください。
③山賊が娘さんに頼んだことは何ですか。下から２段目の絵から選んで、黄色のクレヨンで□をつけてください。
④娘さんが家に持って帰ったものは何ですか。１番下の段の絵から選んで、茶色のクレヨンで×をつけてください。

〈時間〉　各15秒

〈解答〉　①右から２番目（お母さんの似顔絵）　②右端（テングの面）
③左端（火おこし）　④右端（宝物）

［2022年度出題］

## 学習のポイント

お話の記憶は和歌山県の民話からの出題でした。登場人物には、テングや山賊、また、たいまつなど、あまり聞き慣れない名称が使われています。そして、多少の恐怖を感じるような内容のものでした。日常生活など身近な題材から作られたお話や昔話などではなく、日本に伝わる民話からの出題であったことが、今年の特徴でした。お話の記憶の対策は、問題を解くだけではなく、日頃からさまざまな作品に触れることによって、日常では耳にすることのない名称や独特な話し言葉などに慣れることができます。読み聞かせの際は、読んで聞かせるだけではなく、お子さまにどんな内容であったか、また、理解しにくかったところがないかなども質問することで、お子さま自身も相手に伝える力だけではなく、理解できなかった部分の再確認や自ら質問をするよい機会になります。お子さまの語彙の幅を広げ、面接などにも生かされることになるでしょう。

【おすすめ問題集】

1話5分の読み聞かせお話集①・②、お話の記憶 初級編・中級編、
Ｊｒ・ウォッチャー19「お話の記憶」

## 問題12　分野：図形（同図形探し）

〈準備〉　クレヨン（12色）

〈問題〉　左の絵と同じ模様を、右の絵の中から全て見つけて○を描いてください。１ページ目は赤色のクレヨンで、２ページ目は黄色のクレヨンで描いてください。

〈時間〉　１分

〈解答〉　下図参照

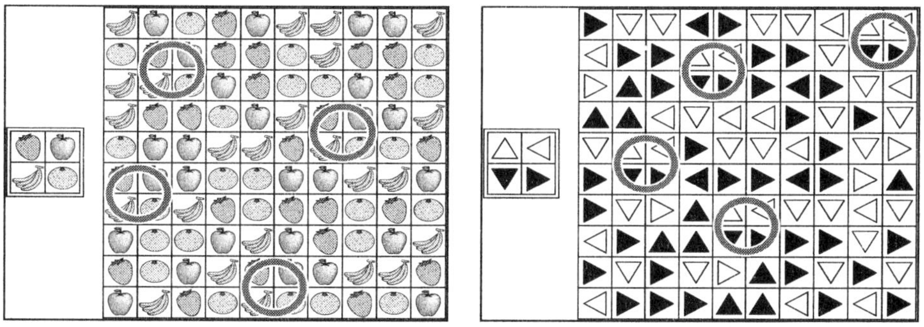

［2022年度出題］

### 家庭学習のコツ②　「家庭学習ガイド」はママの味方！

問題演習を始める前に、試験の概要をまとめた「家庭学習ガイド（本書カラーページに掲載）」を読みましょう。「家庭学習ガイド」には、応募者数や試験課目の詳細のほか、学習を進める上で重要な情報が掲載されています。それらの情報で入試の傾向をつかみ、学習の方針を立ててから、対策学習を始めてください。

## 学習のポイント

左の４つで作られたひとかたまりと、同じ並びのものを探して解答することもひとつのやり方ですが、とても時間がかかってしまいます。着目するのは、まず上の２つがどのように並んでいるか、次に下の２つはどのように並んでいるか、２段に分けて考えます。始めに探すのは、上２つの並び、これを見つけることができたら、その下の並びも見本通りになっているか、を考え、答えを探していきます。また、何段にもわたって同じような絵や形が描かれているので、見落としがないよう、片方の手で、今探している段を押さえながら、もう片方の指で左から指をスライドして探しましょう。たくさん並んでいるので、根気のいる内容になりますが、日頃から集中して最後までやりぬくことを大切にしていきましょう。

【おすすめ問題集】

Ｊｒ・ウォッチャー４「同図形探し」

## 問題13　分野：図形（反転図形）

〈準 備〉　鉛筆

〈問 題〉　左の絵を見て、黒の丸があるところには白の丸を、白の丸があるところには黒の丸を、右のマス目に描いてください。

〈時 間〉　１分

〈解 答〉　下図参照

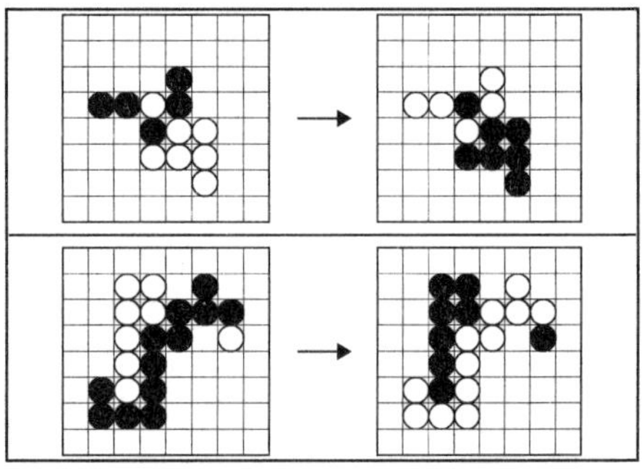

［2022年度出題］

## 学習のポイント

この問題は、お手本の黒と白のコマを白黒反転させて、右のマス目に書き写す問題です。この問題はオセロを使用して学習することができます。本来は、相手のコマを自分のコマで挟んで裏返し、最終的にどちらの色が多いかを競うものですが、それだけではなく、黒と白の数の違いや、数十秒見て配置を記憶して、再び同じようにコマを置くなど、具体物を使った勉強にも活用できます。また、面接でのよく質問される「お家では（雨の日は）家族とどんなことをしますか。」などの質問への答えのひとつにもなるので、ぜひご家庭でも取り入れていただきたい遊びの１つです。ここでは、黒と白を反転させてマス目に書き込みますが、その際に気をつけたいのは、座標の位置です。左から何番目、上から何段目など、注意をして書いていきましょう。また、丸は上から書き始めるのではなく、下から始まり下でしっかりと止め合わせる、正しい書き方を普段から意識して書く習慣をつけましょう。

【おすすめ問題集】

Ｊｒ・ウォッチャー８「対称」

## 問題14　分野：常識（理科）

〈準　備〉　クレヨン（12色）

〈問　題〉　ここにある５枚の絵を時間の流れ通りに並べたとき、一番早いものに○を１つ、次に早いものに２つ、その次のものに３つ、一番遅いものには４つ絵の下の四角に書いてください。また、時間の流れに当てはまらないものには、○をつけないでください。

〈時　間〉　各30秒

〈解　答〉　下図参照

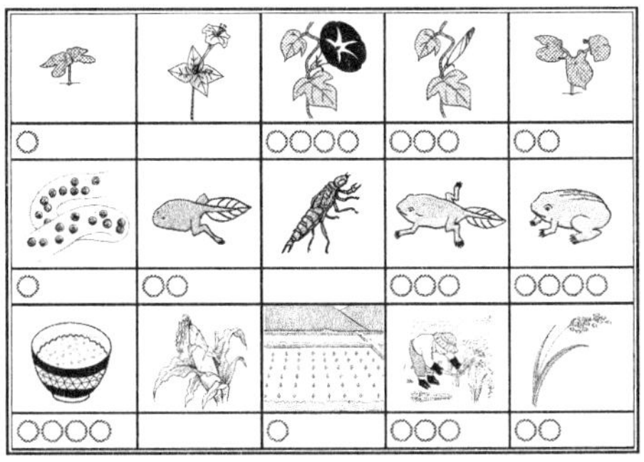


［2022年度出題］

### 学習のポイント

このような時間の経過やお話の順序を問う問題は、毎年出題されています。しかし、今年度は、解答にはふさわしくない選択肢も含まれていました。例年と違う形での出題に対応するには、説明をしっかりと聞き、対応する力が必要になります。今回は、「当てはまらない絵には○は書きません」と指示がありました。お子さまは、きちんと説明を聞き取ることができたでしょうか。また、当校は、個性と想像力の源は、実体験の積み重ねであるという考えから、ペーパー対策だけではなく、日々の生活の中での学びが大変重要になってきます。お手伝い、ルールやマナー、人との関わり、理科の知識、昔話など多分野にわたって時間の流れを問われているので、お子さまには、さまざまな経験や体験をさせることをおすすめいたします。

【おすすめ問題集】

Ｊｒ・ウォッチャー27「理科」、55「理科②」

## 問題15　分野：図形（反転図形）

〈準　備〉　クレヨン（12色）

〈問　題〉　左の絵を見て、同じように変わるものを右の絵の中から選んで○をつけてください。

〈時　間〉　30秒

〈解　答〉　下図参照

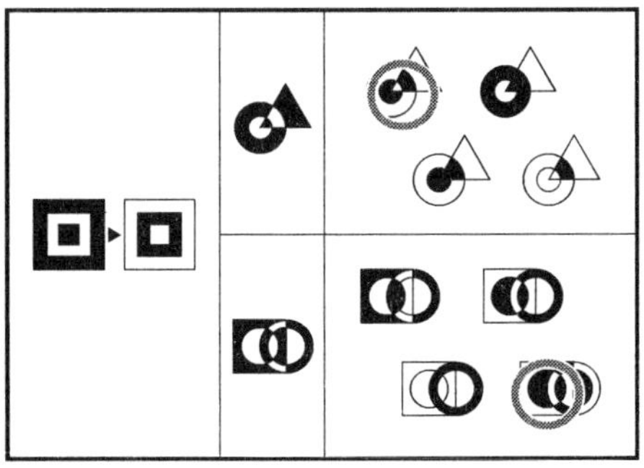

［2022年度出題］

### 学習のポイント

この問題は、左の絵の白と黒の色が反転したものを探す問題です。先のオセロのような丸い形ではなく、形が複雑になっている分、難易度も高めです。このような問題を解く際、選択肢の図形全体を見るのではなく、重なっている左の絵の１番目立つ（大きな）部分に着目します。まずは、わかりやすいところから比較をし、選択肢を減らしてから細部の比較を行うと解きやすいです。この問題は観察力と集中力を特に必要とします。日常生活においても、様々なものを見比べ、同じところや違うところを見つける練習をすることをおすすめします。それを繰り返すことで、比較の方法も身についてくることでしょう。

【おすすめ問題集】
Ｊｒ・ウォッチャー６「系列」

## 問題16　分野：行動観察（サーキット運動）

〈準　備〉　ビニールテープ、マット、机、新聞紙、高さの異なるブロック、コーン、的

〈問　題〉　この問題は絵を参考にしてください。
①スタート地点から、テーブルに向かって走ってください。
②テーブルに置いてある新聞紙を丸め、的に向かって投げてください。
③命中したら、マットの上をクモ歩きで進みます。
④高さの異なるブロックの上を進んでください。落ちた場合はブロックのスタート地点からやり直します。
⑤コーンを回ってゴールまで全力で走ります。

〈時　間〉　適宜

〈解　答〉　省略

［2022年度出題］

## 学習のポイント

サーキットは、スタートからゴールまでの実際の動きや指示を記憶し、即座に体現せねばならず、思いの外、難しい分野です。グループごとに途中の指示が違っていることもあるので、まずは先生の指示をしっかりと聞いて、どこで何をするのか、注意することは何であるか、ゴールではどうするのか、などーつひとつの動きをその場でイメージできなければ、指示通り動くことはできません。指示内容の聞き漏れや、不安になってお友だちの方を見たり、急ぐあまりていねいさに欠けてしまうこともいけません。同時に、順番が来るまできちんと待っていることができるかなど、マナーも観られています。運動能力だけではなく、たとえ上手にできずとも最後まで頑張ることもとても大切です。

【おすすめ問題集】
Ｊｒ・ウォッチャー28「運動」、新運動テスト問題集

## 問題17　分野：行動観察（模倣）

〈準 備〉　なし

〈問 題〉　**この問題の絵はありません。**
私（出題者）と同じように、体を動かします。今から動物の名前とポーズを説明するので覚えてください。
①ライオン　足を前後、手を上下に開く。
②ウサギ　しゃがみながら、両手の平を頭の上で前に向ける。
③クジャク　片足で立って、両腕を真上から左右に広げる。

リズムに合わせて、私（出題者）が言ったとおりのポーズをしましょう。
１回目（ライオン、ウサギ、クジャクから１つ選ぶ）
２回目（ライオン、ウサギ、クジャクから２つ選ぶ）
３回目（ライオン、ウサギ、クジャクすべて）

〈時 間〉　３分

〈解 答〉　省略

［2022年度出題］

## 学習のポイント

模倣運動は、まずは説明を聞き、その後に示されるお手本をしっかりと見て、動きを覚えましょう。ポーズによっては、左右弁別がきちんと定着していることも重要です。ライオン、ウサギ、クジャクのポーズも、一般的なポーズとは少し異なっているので、この動きを正しく覚えることがポイントになります。そして、リズムに合わせて、先生の言ったポーズを恥ずかしがらず、人の動きを見ないで元気よく模倣することが大切です。また、片足立ちは、体幹が整っていないとふらついてしまいます。足を床にしっかり着け、お腹もにも力を入れ、頭を揺らさずまっすぐ前を向いて立つ意識を持って行いましょう。左右弁別が定着していないお子さまは、まずは利き手側だけを覚えるとよいでしょう。利き手が右なら右だけです。その反対が左ですから混乱せずに覚えることができます。

【おすすめ問題集】
Ｊｒ・ウォッチャー28「運動」、新運動テスト問題集

## 問題18　分野：行動観察（グループ）

〈準　備〉　ビニールテープ、コーン、かご、うちわ、ピンポン球複数個

〈問　題〉　**この問題は絵を参考にしてください。**
（８名程度のグループを作る）
①スタートしたら先頭の人は、うちわの上にボールを乗せます。
②うちわの上からボールが落ちないように移動します。
③コーンを回ってビニールテープの線を越えたら、かごの中にボールを入れます。
④前の人が線を越えたら、次の人がスタートします。
⑤かごの中にあるボールの数が多いチームの勝ちです。

〈時　間〉　５分

〈解　答〉　省略

[2022年度出題]

### 学習のポイント

この行動観察は、ルールの説明をしっかり聞くことはもちろんですが、チーム戦なので、ボールを落とさないように慎重かつ早くボールを運ぶ、そして、待っているときは、お友だちの動きをよく見て、自分の番になったらすぐにスタートできるよう準備をしておくことが大切です。しかし、チームが負けたとしても、お友だちのせいにするような発言や態度をとったりすることは絶対にいけません。勝敗ではなくルールの遵守、お友だちとの協調性を保ちつつ最後まで一生懸命頑張る姿が観られています。園生活や普段の遊びの中で、お友だちとの関わりを通し、これらのことを身につけていくようにしましょう。決して、ペーパーでは学ぶことはできませんので、子どもらしく外で遊ぶ時間をつくることもとても大切です。

【おすすめ問題集】
Ｊｒ・ウォッチャー28「運動」、新運動テスト問題集

**家庭学習のコツ③　効果的な学習方法～問題集を通読する**

過去問題集を始めるにあたり、いきなり問題に取り組んではいませんか？　それでは本書を有効活用しているとは言えません。まず、保護者の方が、すべてを一通り読み、当校の傾向、ポイント、問題のアドバイスを頭に入れてください。そうすることにより、保護者の方の指導力がアップします。また、日常生活のさまざまなことから、保護者の方自身が「作問」することができるようになっていきます。

**問題19**　分野：お話の記憶

〈準備〉　クレヨン（12色）

〈問題〉　お話を聞いて、後の質問に答えてください。

ウサギのハルコさん、ナツコさん、アキコさんは、ウサギの３きょうだいです。今日はお母さんの誕生日。みんなで晩ごはんを作ることにしました。ニンジンがお家にあったので、カレーライスを作ることにしました。お母さんとアキコさんは辛いものが苦手なので、いつもカレーに生卵をかけて食べます。ハルコさんは肉を、ナツコさんはタマネギとジャガイモ、卵を買いました。２人が戻ってくると、お家で待っていたはずのアキコさんの姿がなく、テーブルに「塩とコショウが足りないので買いに行きます」と書いたメモがありました。しばらくしてアキコさんが戻ってから、３人で料理を始めました。お母さんをびっくりさせたいので、１人ずつ順番にお母さんと部屋でお話をして、残りの２人が料理をすることにしました。ハルコさん、ナツコさん、アキコさんの順にお母さんとお話をして、最後にカレー粉を入れて煮込んでいるところへ、お父さんが帰ってきました。お父さんは帰ってくるとネクタイを外しながら、大声で「いい匂いがすると思ったら、今日の晩ごはんはカレーライスか」と言ったので、ナツコさんはあわてて手でお父さんの口をふさぎました。お父さんの声を聞いて、お母さんが「お父さん、お帰りなさい」とキッチンに入ってきました。その後お母さんが「あら、カレーじゃないの。おいしそうね」と言ったので、ハルコさんとアキコさんは、お父さんをジロッとにらみました。

①きょうだいが作ったのは何ですか。１番上の段の絵から選んで、赤色のクレヨンで○をつけてください。
②ハルコさんが買ったのは何ですか。上から２段目の絵から選んで、青色のクレヨンで△をつけてください。
③３人が買わなかったものはどれですか。下から２段目の絵から選んで、黄色のクレヨンで□をつけてください。
④お父さんが身に付けていたのは何ですか。１番下の段の絵から選んで、黒のクレヨンで×をつけてください。

〈時間〉　各15秒

〈解答〉　①左から２番目（カレーライス）　②左から２番目（肉）
③右から２番目（ニンジン）　④左から２番目（ネクタイ）

［2021年度出題］

## 学習のポイント

2020年度入試では出題されなかったお話の記憶が、2021年度入試では出題されました。過去には何度も出題されていますので、必ず対策をしておきましょう。600字程度の標準的なお話ですが、解答時間が短いため、お話を聞きながら場面をイメージし、その場面を記憶しておかなければなりません。なお、当校では解答に12色のクレヨンを用います。問題ごとに、記入する色を指定されるので、しっかり聞き取るようにしてください。解答が合っていても、指示通りの色で記入されていないければ、減点されてしまいます。

【おすすめ問題集】
１話５分の読み聞かせお話集①・②、お話の記憶 初級編・中級編、
Ｊｒ・ウォッチャー19「お話の記憶」

## 問題20　分野：お話の記憶

〈準備〉　クレヨン（12色）

〈問題〉　お話を聞いて、後の質問に答えてください。

遊園地に行こうと、動物たちみんなが駅で待ち合わせをしました。来たのは、ウサギさん、タヌキさん、サルさん、ネコさん、イヌさん、ゾウさんです。キツネさんが来ていなかったので、みんな口々に「どうしてかな」と言って、キツネさんのお家に行ってみました。すると、キツネさんのお母さんが出てきて「キツネさんは、おばあさんのお見舞いに行ってから、おつかいをして帰ってくるのだけれど、遅いわね」と言いました。しばらくするとキツネさんが「ごめん、ごめん、すっかり遅くなっちゃったよ」と言いながら帰ってきました。キツネくんのお父さんが「みんな、キツネくんのせいで時間通りに出発できなくてごめんね。遊園地に行くには遅いから、近くの水族館に連れて行ってあげるよ」と言いました。水族館に着くと、みんな並んで、たくさんの海の生きものたちを見てまわりました。キツネさんのお母さんはイルカとクジラを見て喜んでいました。お父さんはホウボウとマンボウを見て喜びました。ウサギさんは、前から見たかったクラゲ、マンボウ、ウミガメ、エビ、サメを全部見られて喜びました。水族館を出てから、みんなでお弁当を広げて食べました。それぞれに、どんな生きものが面白かったのかを、楽しくお話しました。帰りは、みんなで駅に行ってから、それぞれの家に帰りました。

①お話に出てこなかった動物は何ですか。１番上の段の絵から選んで、黄色いクレヨンで×をつけてください。
②ウサギさんが見たかったものは何ですか。上から２段目の絵から選んで、緑色のクレヨンで△をつけてください。
③キツネさんはどうして待ち合わせに来られなかったのでしょう。キツネさんが忙しかったからだと思う人は◇を、キツネさんがお父さんに怒られていたからだと思う人は○を、青いクレヨンでつけてください。
④キツネさんのお父さんが見て喜んだものに□を、お母さんが見て喜んだものに×を、黒いクレヨンでつけてください。

〈時間〉　各15秒

〈解答〉　①右から２番目（ブタ）　②左から２番目（クラゲ）
③◇　④□：右から２番目（マンボウ）　×：左から２番目（イルカ）

［2021年度出題］

### 学習のポイント

この問題では、いくつも読み上げられる動物や海の生きものを、頭の中で整理して聞き取らなければなりません。複数のものが列挙される際には、「みんな」「○人の」や「たくさん」などの言葉が、あらかじめ置かれています。お子さまには「みんな」「たくさん」などの言葉には注意し、読み聞かせの際に「みんなって、誰だろう？」「たくさんって、どれぐらい？」などと聞いてみてください。また、質問される順番もお話の流れ通りではないので、ストーリー全体を把握しておく必要もあります。お話を聞き終わったら「どんなお話だった？」と聞くなど、ストーリーを振り返る練習をしておきましょう。

【おすすめ問題集】

１話５分の読み聞かせお話集①・②、お話の記憶 初級編・中級編、
Ｊｒ・ウォッチャー19「お話の記憶」

## 問題21　分野：図形（点図形）

〈準備〉　クレヨン（12色）

〈問題〉　上の段のお手本と同じ形になるように、下の段の点をクレヨンでつないでください。１ページ目は青色のクレヨンで、２ページ目は茶色のクレヨンで描いてください。

〈時間〉　２分

〈解答〉　省略

［2021年度出題］

### 学習のポイント

点つなぎの問題です。点つなぎでは、まず、お手本の図をしっかり観察して形を把握してください。次に、始点と終点となる点の位置（座標）を正確に捉え、それから筆記用具を正しく使って線を引く、というのが正しい作業の進め方になります。当校ではクレヨンを使うので、均等でまっすぐな線が引きにくいかもしれません。ある程度の練習は必要でしょう。上から下に、右から左に（左利きならば左から右に）、右上から左下に、左上から右下にという４種類の直線を書けるよう練習してください。また、練習をするときは、最初は頂点の少ない単純な形から始めてください。最初は保護者の方が横に座って「上から○つ目だね」というように、始点と終点とを一緒に数えながら進めてもよいでしょう。反復練習で身に付ける課題なので、焦らず毎日練習することをおすすめします。

【おすすめ問題集】

Ｊｒ・ウォッチャー１「点・線図形」、51「運筆①」、52「運筆②」

## 問題22　分野：図形（回転図形）

〈準備〉　鉛筆

〈問題〉　左側の形を、矢印の向きに矢印の数だけ回すと、どのようになるでしょう。右側の四角から選んで、緑色のクレヨンで○をつけてください。

〈時間〉　１分

〈解答〉　下図参照

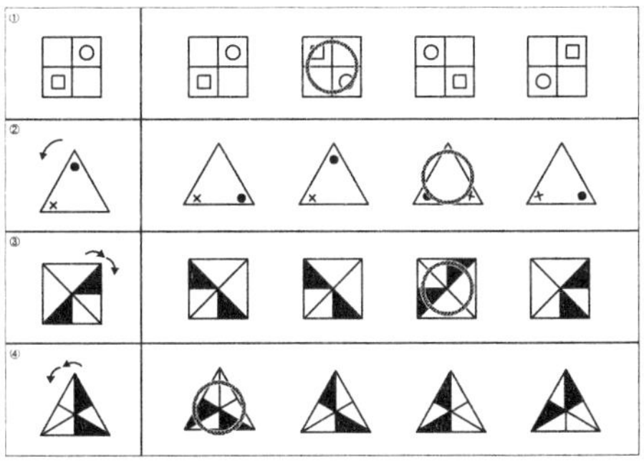

［2021年度出題］

## 学習のポイント

回転図形の問題です。小学校入試の回転図形では「右へ１回まわす」というのは、図形の右の辺が底辺になるように回すという意味です。四角形ならば右へ90度、三角形ならば右へ120度回転させることになります。360度回転するのではありませんから、混乱しないよう理解させてください。図形の問題を解くには「重ねる」「回転させる」「裏返す」「反転させる」「組み合わせる」などの操作を頭の中で行う必要があります。そのためには、学習の段階でタングラムなどの具体物を使って操作する練習をして、図形の持つ特性や操作した際に「どのようになるか」を理解させてください。生活の中で「三角形を回転させる」「複雑な図形を反転させる」といったシチュエーションはなかなかありませんから、本問のような問題を解き、その過程でお子さまがつまずくようであれば、その都度実物を用意して、確認しながら進めた方がよいでしょう。言葉で説明するよりも効果的ですし、直感的に理解できます。

【おすすめ問題集】
Ｊｒ・ウォッチャー46「回転図形」

## 問題23　分野：推理

〈準備〉　クレヨン（12色）

〈問題〉　①上の段の絵を見てください。左側の四角に書いてある葉っぱをまっすぐにのばしたものを右側から選んで、赤色のクレヨンで○をつけてください。
②真ん中の段の絵を見てください。動物たちが順番に並ぶお話をします。順番が合っているものに青色のクレヨンで○をつけてください。
イヌさんが言いました。「ぼくはサルさんの右に並んでいたよ」
ウサギさんが言いました。「わたしはサルさんの左に並んでいたよ」
タヌキさんが言いました。「ぼくはウサギさんの左に並んでいたよ」
③下の段の絵を見てください。動物たちがかけっこをするお話をします。順位が合っているものに緑色のクレヨンで○をつけてください。
クマさんが言いました。「わたしよりブタさんの方が速かったよ」
カバさんが言いました。「ぼくはクマさんより１つ後の順位だよ」
ネコさんが言いました。「ぼくはブタさんの１つ後ろの順位だよ」

〈時間〉　各45秒

〈解答〉　①右から２番目　②真ん中　③左端

［2021年度出題］

## 学習のポイント

①は、葉っぱの数や付き方を手がかりに、茎を直線にした時の形を推測する問題です。根拠を言えるとなおよいでしょう。②と③の問題では、まず誰かを固定して、その左右や前後は誰なのか、というように考えるとわかりやすいかもしれません。②ならイヌさんを基準に考えてみましょう。イヌさんの話から、イヌさんの左（向かって右）にサルさんが並んでいることがわかります。ウサギさんの話からはウサギさんがサルさんの左にいることが、タヌキさんの話からはタヌキさんがウサギさんの左にいることがわかります。③でも同様に、基準となる動物を決めて解いてみましょう。頭の中で並べるのが難しいようなら、動物の絵を切り抜いて並べながら考えてください。

【おすすめ問題集】
Ｊｒ・ウォッチャー31「推理思考」

## 問題24　分野：常識（理科）

〈準備〉　クレヨン（12色）

〈問題〉　①上の段の絵を見てください。キクはどれですか。オレンジ色のクレヨンで□をつけてください。
②真ん中の段の絵を見てください。チューリップはどれですか。緑色のクレヨンで△をつけてください。
③下の段の絵を見てください。カブトムシの幼虫はどれですか。黒のクレヨンで○をつけてください。

〈時間〉　30秒

〈解答〉　下図参照

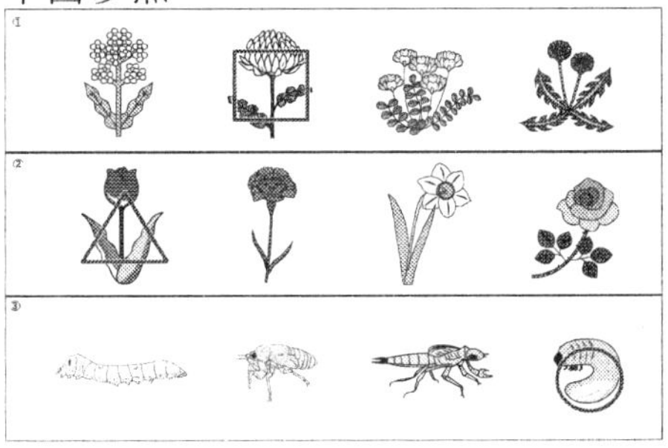

［2021年度出題］

## 学習のポイント

小学校の理科で知るような知識については、日常生活で自然に触れ、観察することが１番効率のよい学習方法です。当校は学校の一角をビオトープにしたり、図書館に標本を集めたコーナーを設けたりと、身近なところで自然観察の機会を設け、子どもたちの探究心を育むことに力を入れています。この問題の観点も、お子さまの知識だけでなく、家庭の環境にもあるのかもしれません。なかなか自然に接する機会を作りづらい場合は、図鑑やインターネットを通じてでもよいので、お子さまに好奇心を抱かせるようにしてください。

【おすすめ問題集】
Ｊｒ・ウォッチャー11「いろいろな仲間」、34「季節」

## 問題25　分野：運動

〈準 備〉　音源（「ぞうさん」「チューリップ」）、再生機器
イス（先生が乗って動物のポーズをする）
ビニールテープ（イスの前に円形のスペースを作っておく）

〈問 題〉　**この問題の絵はありません。**
①音楽に合わせて踊ってください。どんな生き物なのかを考えて、堂々と踊ってください。
②片足で立ってください。

〈時 間〉　30秒

〈解 答〉　省略

［2021年度出題］

### 学習のポイント

①では、自分で考えること、気後れせず踊れるかどうかがひとつのポイントです。「ぞうさん」はゆっくりした曲調ですが、「チューリップ」ではテンポが速くなります。ダンスそのものが特別上手である必要はありませんが、リズム感がないと評価されない程度に身体を動かせるようにしておきましょう。大切なことは、恥ずかしがらず、一生懸命最後まで行うことです。②は、バランス感覚をチェックする課題ですが、片足立ちはお子さまの体力やバランス力など、基礎体力を観るには適した内容です。普段から取り入れてみてください。片足立ちは、年齢相応にできていれば問題ありません。

【おすすめ問題集】
Ｊｒ・ウォッチャー28「運動」、新運動テスト問題集

## 問題26　分野：行動観察（サーキット運動）

〈準 備〉　ラダー（床に置いておく）
平均台（２台ずつ“く”の字型に置いておく）
ボール（コーン２つの上にそれぞれ載せておく）、的

〈問 題〉　**この問題は絵を参考にしてください。**
**この問題の絵は縦に使用して下さい。**
①先生が「はじめ」と言ったら、ラダーの上をケンパで進んでください。
②ケンパが終わったら、平均台を渡ってください。
③円のところで、動物（カマキリ・フラミンゴ・ゴリラのいずれか２つ）の真似をしてください。
④コーンの上にあるボールを取って的に向かって投げてください。跳ね返ってきたボールを拾ってはいけません。

〈時 間〉　５分

〈解 答〉　省略

［2021年度出題］

## 学習のポイント

サーキット運動では、運動能力よりも指示をしっかり聞き取り、お手本をしっかり見て覚え、指示通りに行動することが求められています。①と②の間、②と③の間、③と④の間は走って移動しますが、特に口頭での指示はなく、お手本を見て行動します。チェックされるのは複数の運動を指示通りに、そしてスムーズに行えるかどうかだけなので、年齢なりに動ければそれで充分です。不安なようなら、まだ人の少ない早朝の公園などで、遊具を使って練習してみてはいかがでしょう。よい気分転換にもなるはずです。指示通りできるようになったら、待っている時の姿勢や返事などにも気を付けます。最後の指示は逆に難しいかもしれません。普段は使ったら片付けると言われているお子さまが多く、身についていると思います。しかし、ここでは拾わないと指示がされているので、守れたかしっかりチェックしましょう。

【おすすめ問題集】

Ｊｒ・ウォッチャー28「運動」、新運動テスト問題集

## 問題27　分野：制作（想像画）

〈準　備〉　クレヨン（12色）、画用紙

〈問　題〉　**この問題の絵はありません。**

次のお話を聞いてください。

おじいさんとおばあさんの前で、３人の男の人が「早業」の競争をしました。おじいさんとおばあさんが話し合って、「すごい」と思った順番を決めます。優勝したのは、おばあさんがお茶を飲んでいる間に、屋根の上で降りられなくなって「助けてくれぇ」と言っている人を見つけて、すぐに屋根に上って、その人を担いで降りてきました。２位の人は、おじいさんがミカンを食べている間に、庭に生えていた竹を切ってかごを作り、見ていた女の人の髪の毛を３本抜いてアリをつかまえ、かごにアリ入れてひっくり返しました。３位の人は、おじいさんとおばあさんがあくびをしている間に、庭にある梅の木から、ふろしきいっぱいの梅の実をとってきました。

このお話を聞いて、あなたはどんな「早業」をしたくなりましたか。その絵を描いてください。

①制作中に先生が「これは何をしているところなの？」「どうしてそれをしたいの？」などの質問をする。

②（書き終えた後で）お友だちに、自分の描いた絵を紹介してみましょう。

〈時　間〉　20分

〈解　答〉　省略

［2021年度出題］

## 学習のポイント

この設問では、「早業」という言葉の意味をお話を通じて理解し、自分ならどんな「早業」をしたいかを考え、それを絵にするという、言葉の理解と発想力を評価するための課題です。さらに、みんなの前で発表するというプレゼンテーションの能力まで試されるわけです。さすがにこれは「うまくできればなおよし」という課題だと思いますが、お子さまにとってかなりの難問であることは間違いないでしょう。また、この問題は１人の先生がお話を読むのを16名の志願者が囲み、その後ろで15人の先生が志願者の様子を観ながら質問をする、という形式で行われました。たいていのお子さまは緊張するシチュエーションです。そんな中でも自分なりに落ち着いて、相手にわかるように話すこと。これができれば悪い評価はされないと思います。

【おすすめ問題集】

Ｊｒ・ウォッチャー22「想像画」、24「絵画」

## 問題28　分野：推理（座標の移動）

〈準 備〉　クレヨン

〈問 題〉　とおるくんが学校へ行く様子を話します。よく聞いて、とおるくんが通った道に線を書いてください。そしてとおるくんの学校に○をつけましょう。

家からまっすぐ進むと突き当たりになります。そこを左に曲がります。その道を進んでいくと、途中、右に曲がる道がありますが、そのまま、まっすぐ進んでください。さらに進んでいったところの突き当たりを左に曲がり、次の角を右に曲がります。まっすぐ進むと学校が見えてきますが、とおるくんが通う学校ではありません。その手前を右に曲がり、突き当たりの左に見えるのがとおるくんの学校です。

〈時 間〉　２分

〈解 答〉　下図参照

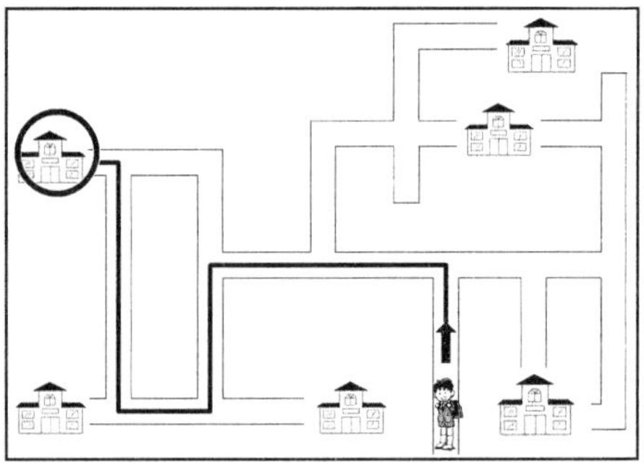

［2020年度出題］

### 学習のポイント

出題者が読み上げた通りに、目的地まで行く道順を線で引く問題です。2019年度には条件に沿って迷路を進んでいくという類似問題が出題されています。このような問題では、進む方向によって左右が逆になります。まずはその点が身に付いているかどうかをチェックしてください。わからない時は、実際にお子さまに動いてもらうと、理解させられると思います。お話を聞いて、道順や場所に印を付ける問題は、記憶力と思考力の双方を観ることができるので、よく出題されます。

【おすすめ問題集】

Ｊｒ・ウォッチャー７「迷路」、47「座標の移動」

## 問題29　分野：図形（四方からの観察）

〈準備〉　クレヨン

〈問題〉　左側の四角にある積み木を上から見ると、どのように見えますか。正しいものに〇をつけてください。

〈時間〉　各１分

〈解答〉　①真ん中　②左端　③真ん中

［2020年度出題］

### 学習のポイント

積み木を上から見ると、どう見えるのかを答える問題です。当校ではよく出題されるので、確実に押さえたい問題の１つです。この問題では、上から見た図形をすぐにイメージできるかどうかが大切です。何回もペーパーで繰り返してこの種の問題を学習するのもよいですが、問題を解いた後、すぐに〇つけを行うのではなく、お子さまに積み木を積ませて、自分で答えが合っているかどうかを確認させるとより理解が深まります。具体物を使って学習すると、上方からの見え方だけでなく、さまざまに視点を変える「四方からの観察」の類似問題の学習にも繋げることができます。

【おすすめ問題集】

Ｊｒ・ウォッチャー10「四方からの観察」、53「四方からの観察　積み木編」

## 問題30　分野：常識（理科・知識）

〈準 備〉　クレヨン

〈問 題〉　①上の段の絵を見てください。成長の順に並べた時、１番目の絵に○を、３番目の絵に△をつけてください。
②真ん中の段を見てください。成長の順に並べた時、３番目の絵に○を、４番目の絵に△をつけてください。
③下の段の絵を見てください。お話の順に並べた時、２番目の絵に○を、３番目の絵に△をつけてください。

〈時 間〉　各15秒

〈解 答〉　①○：右端　△：左から２番目　　②○：左から２番目　△：左端
③○：右から２番目　△：左端

［2020年度出題］

### 学習のポイント

虫の成長やお話の流れの正しい順番を問う問題です。この問題を解くには虫の成長についての知識がないと解くことはできません。こうした知識を身に付けるためには、さまざまな生物に触れる体験をたくさん設けましょう。図鑑やインターネットなどを使って知ることもできますが、できれば、実際に外に出かけたり、動植物園や昆虫館に行ったりして、実際に生物を見てみましょう。実物を見ると、視覚だけでは得られない情報を得ることができます。③の問題はお話の内容を知っているか否かで、できるかどうかが分かれます。基本的なお話をしっかりと読み聞かせ、内容を理解しておきましょう。

【おすすめ問題集】
Ｊｒ・ウォッチャー27「理科」、55「理科②」

## 問題31　分野：常識（マナー）

〈準 備〉　クレヨン

〈問 題〉　この絵の中で、正しいことをしている子には○を、いけないことをしている子には×をつけてください。

〈時 間〉　30秒

〈解 答〉　下図参照

［2020年度出題］

## 学習のポイント

この年度は、例年あまり出題されてこなかったマナーに関する問題が出題されました。ここでは電車内でのマナーについて問われています。ここで、よい行為・悪い行為だけを知識として覚えさせても意味がありません。よい・悪いではなく、その行為の理由も教えるようにしましょう。これは電車内に限らず、生活のあらゆる場面のマナーにおいても同じです。マナーを身に付けることは、お子さまのこれからの生活でも必要です。そして何より、マナーの本質である他の人への思いやりを持ってほしいところです。

【おすすめ問題集】

Ｊｒ・ウォッチャー30「生活習慣」、56「マナーとルール」

## 問題32　分野：推理

〈準備〉　クレヨン

〈問題〉　あるものの特徴を３つ言います。その特徴を聞き、何について聞かれたのか、正しいものに○をつけてください。

①
・卵で産まれます。
・水の中が大好きです。
・よく跳びます。
②
・秋のものです。
・ご飯と一緒にまぜて、炊き込みごはんにするとおいしいです。
・木の下などに生えています。

〈時間〉　各１分

〈解答〉　①カエル　②キノコ

［2020年度出題］

## 学習のポイント

本問は、３つのヒントから正解を推測する問題です。ヒントを順番に聞いて、これだ！と瞬時に答えられるかどうかが大切です。①の最初のヒント「卵で産まれます」というヒントから、選択肢のラッコやウシは答えではないことがわかります。「水の中が大好きです」という次のヒントでは、カラスとバッタが答えから除外されます。そして最後の「よく跳びます」というヒントから、正解がカエルであることが特定できます。このように、順番にヒントを聞けば答えはわかるのですが、ヒントから連想する知識がなければ解答できません。まずは身の回りにある植物や、よく見かける動物について学んでください。その後で、動植物園や水族館、メディアを通して、こうした問題でよく出題される生物についての知識を増やしてください。

【おすすめ問題集】

Ｊｒ・ウォッチャー27「理科」、55「理科②」

## 問題33　分野：常識（知識）

〈準 備〉　クレヨン

〈問 題〉　おじいちゃんの家へ行きました。おじいちゃんはゆうこさんが来るのをとても楽しみにしていました。そして、ゆうこさんが大好きなゲームはもちろん、トランプ、テレビなど、好きなだけ遊んでいいよと言いました。でもまず、ゆうこさんはおじいちゃんの掃除のお手伝いをすることにしました。その時に使うものに○をつけてください。

〈時 間〉　15秒

〈解 答〉　下図参照

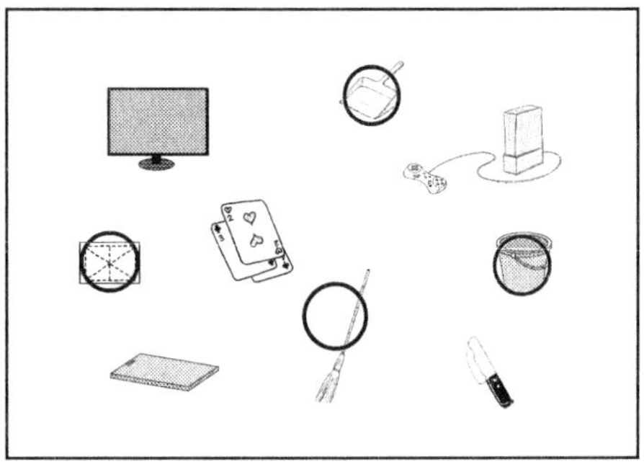

［2020年度出題］

### 学習のポイント

この問題の最大のポイントは、何について問われるのか、最後まで聞かないとわからないことです。最初は遊びに行った話ですが、途中から掃除をする話に変わり、問題ではその掃除の道具について問われています。近年、人の話を最後まで聞けない子どもが多いと言われている現状を考えると、家庭での躾を問う問題としても捉えることができます。当校は、入試を通じて観られる家庭教育のありようも重視しています。学習においては、ペーパーテストができる・できない、ということだけでなく、背景にある生活体験についても考えるようにしてください。

【おすすめ問題集】

Ｊｒ・ウォッチャー30「生活習慣」、56「マナーとルール」

## 問題34　分野：運動（準備体操）

〈準 備〉　なし

〈問 題〉　**この問題の絵はありません。**
今から準備体操をします。私（出題者）と同じように、体を動かしてください。

私と一緒に同じ動作をしてください。
①しゃがむ、膝を伸ばす、膝の屈伸
②体を前に倒す前屈、後ろに反らせる後屈
　ここからは、私のポーズを見てから同じ動作をしてください。
③両腕を横に広げ、片足で立ちましょう。
④もう片足をまっすぐ伸ばし、前に動かし、そして後ろへ動かしましょう。
⑤頭を両手でパンパンと叩きましょう。（同じことを肩、膝、お尻の順で行う）

〈時 間〉　適宜

〈解 答〉　省略

［2020年度出題］

### 学習のポイント

当校の２次試験で実施される運動テストの準備運動です。身体を慣らすことが目的ですから、できなくても評価に影響することはありません。ただし、さまざまな運動をするので、よく聞き、よく見て理解することが大切です。小学校受験の基本は指示をよく理解して、そのとおりに実行することです。準備運動だからといって、ふざけたり、ほかの受験者を邪魔したりする行動は絶対にやめましょう。

【おすすめ問題集】
　運動テスト問題集、Ｊｒ・ウォッチャー28「運動」

## 問題35　分野：行動観察（サーキット運動）

〈準 備〉　コーン（スタートから５メートル先に置く）、
ピンク色のビニールテープ２枚（コーンから５メートル離れた地点と、さらに３メートル離れた地点に貼っておく）、
子どもの顔くらいの大きさのボール（コーンから近い方のテープの横に置いておく）

〈問 題〉　**この問題の絵はありません。**
①スタートからコーンのところまで、スキップで進んでください。
②コーンのまわりを１周してから、ビニールテープまで走ってください。
③（ビニールテープの横にボールがあります）
　ボールを上に投げたら、ボールが落ちるまでに、奥にあるもう１つのビニールテープへ走ってください。
④走り終えたら、気をつけをして終了です。

〈時 間〉　適宜

〈解 答〉　省略

［2020年度出題］

## 学習のポイント

①②の動作は、年齢相応の体力と運動能力があれば難しいものではありませんが、③の動作は考えてから取り組まなければなりません。思い切り投げてゆっくり進むのは簡単ですが、求められているのは、ボールを上へ投げた高さと自分が走る距離とを考えて、ボールを投げる力を考えることです。また、ボールを投げる方向も大切です。指示は「上に」とだけされていますが、実際には真上が望ましい方向です。得意・不得意が分かれる課題だとは思いますが、投げたボールが全く違う方向へ行ってしまうようでは年齢相応の運動能力があるとはみなされませんので、練習が必要です。

【おすすめ問題集】
新運動テスト問題集、Ｊｒ・ウォッチャー28「運動」

## 問題36　分野：制作

〈準 備〉　油粘土（青、グレー、白）

〈問 題〉　**この問題の絵はありません。**
目の前にある油粘土を使って、「今日の夜食べたいもの」を作ってください。
（作っている途中で）
①「美味しそうだね、何を作っているの？」
「この中に何が入っているの？」
「この中で一番食べたいものは何？」（複数個作成する場合）
（上記制作が終わったら）
②それでは、お友だちに自分の作ったものを紹介してみましょう。

〈時 間〉　適宜

〈解 答〉　省略

［2020年度出題］

## 学習のポイント

制作するものを自分で考え、作品をみんなに発表する、制作と行動観察の複合課題です。本問の特徴は、制作の途中で質問されることと、自分の作ったものを発表することです。双方ともに求められるのは、人にわかるように伝えられるコミュニケーション能力です。ご家庭で取り組んだ後、お子さまは使用した粘土をどうしましたか。入学試験では、出題内容だけでなく、後片付けをするかどうかも観られています。言われたからする、というのではなく、日頃から片付けを学習とセットにして取り組んでください。

【おすすめ問題集】
Ｊｒ・ウォッチャー22「想像画」、23「切る・貼る・塗る」
実践 ゆびさきトレーニング①②③

# 問題１－１

①

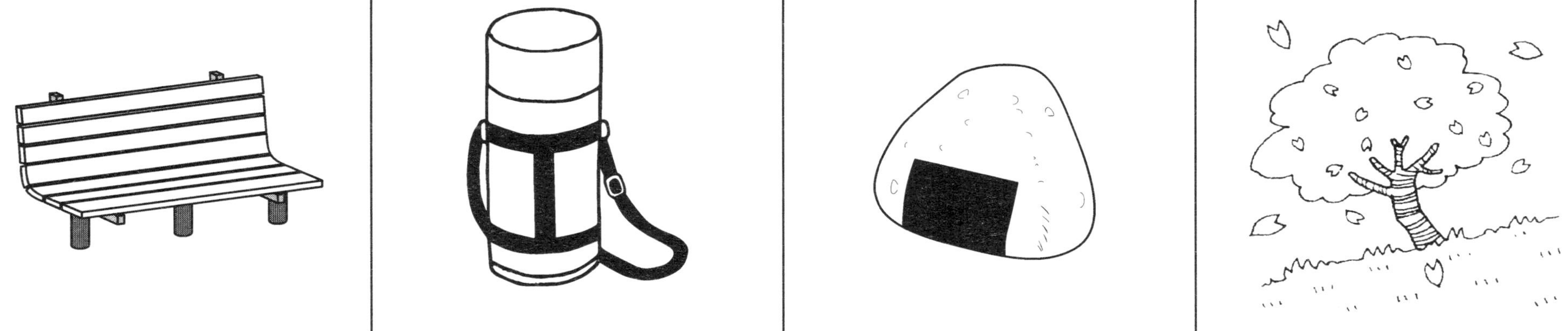

②

# 問題１－２

③

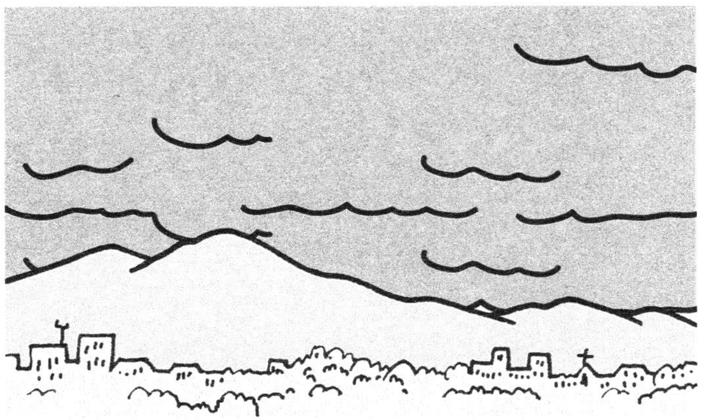

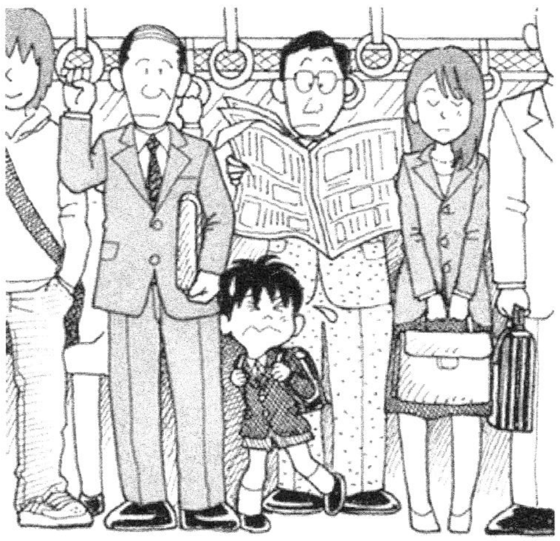

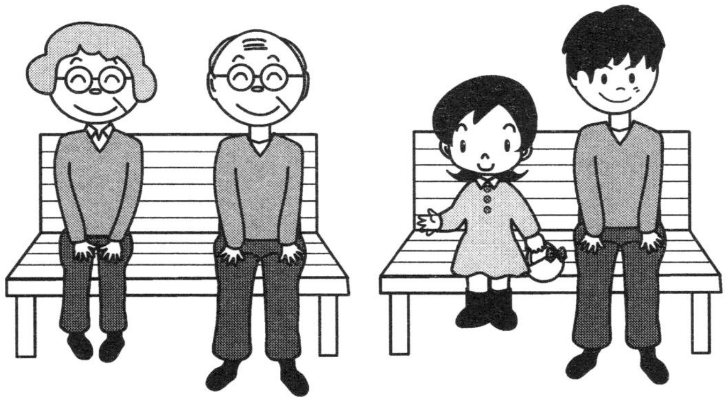

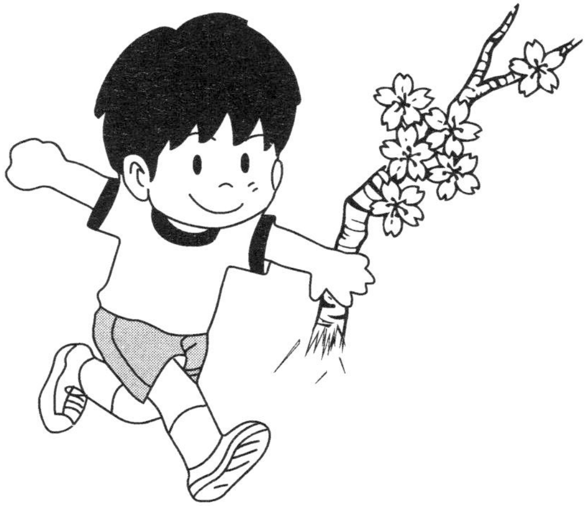

 



日本学習図書株式会社

①②

2024 年度 慶應義塾横浜初等部 過去 無断複製/転載を禁ずる 日本学習図書株式会社

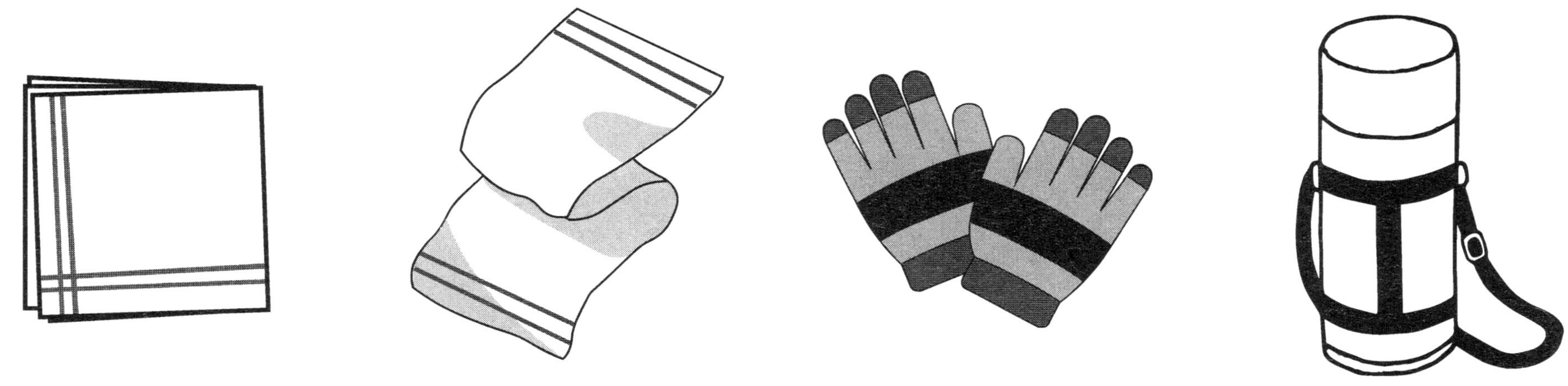

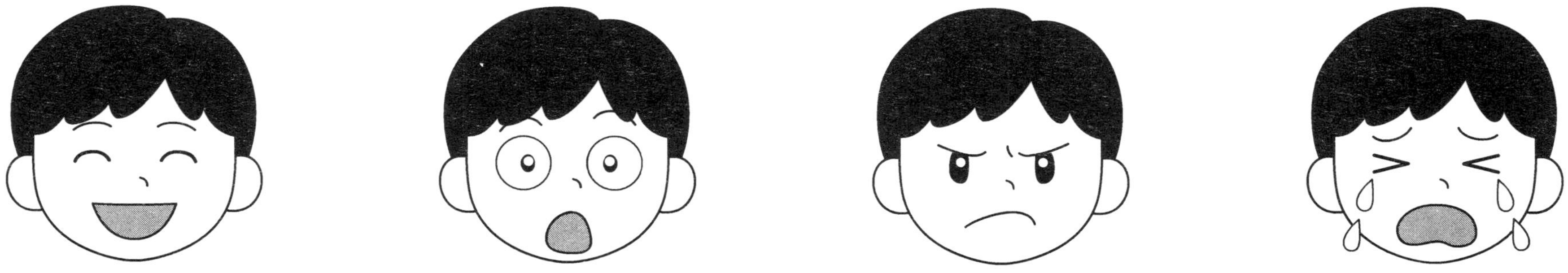

2024 年度　慶應義塾横浜初等部　過去　無断複製／転載を禁ずる　　日本学習図書株式会社

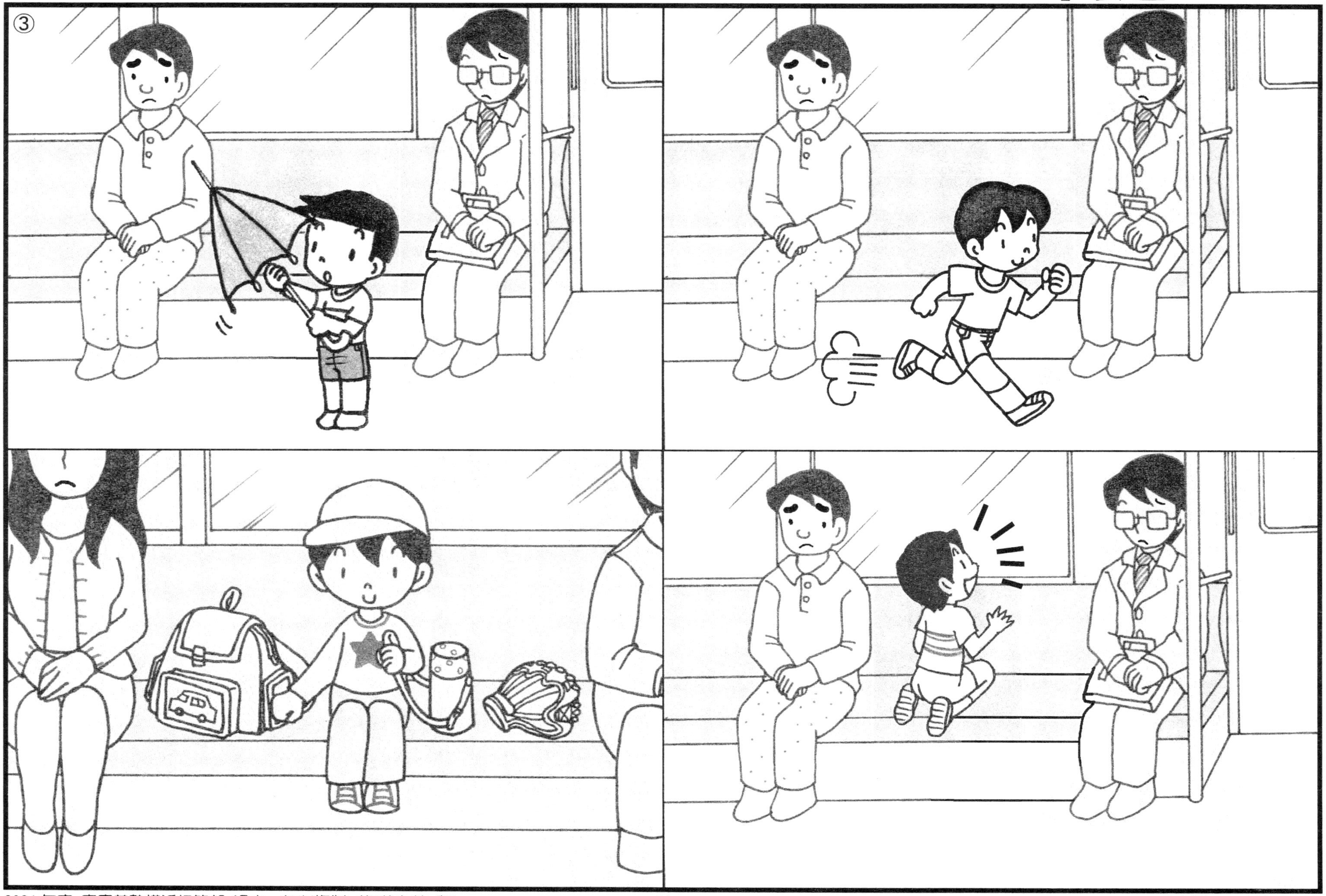

# 問題 3

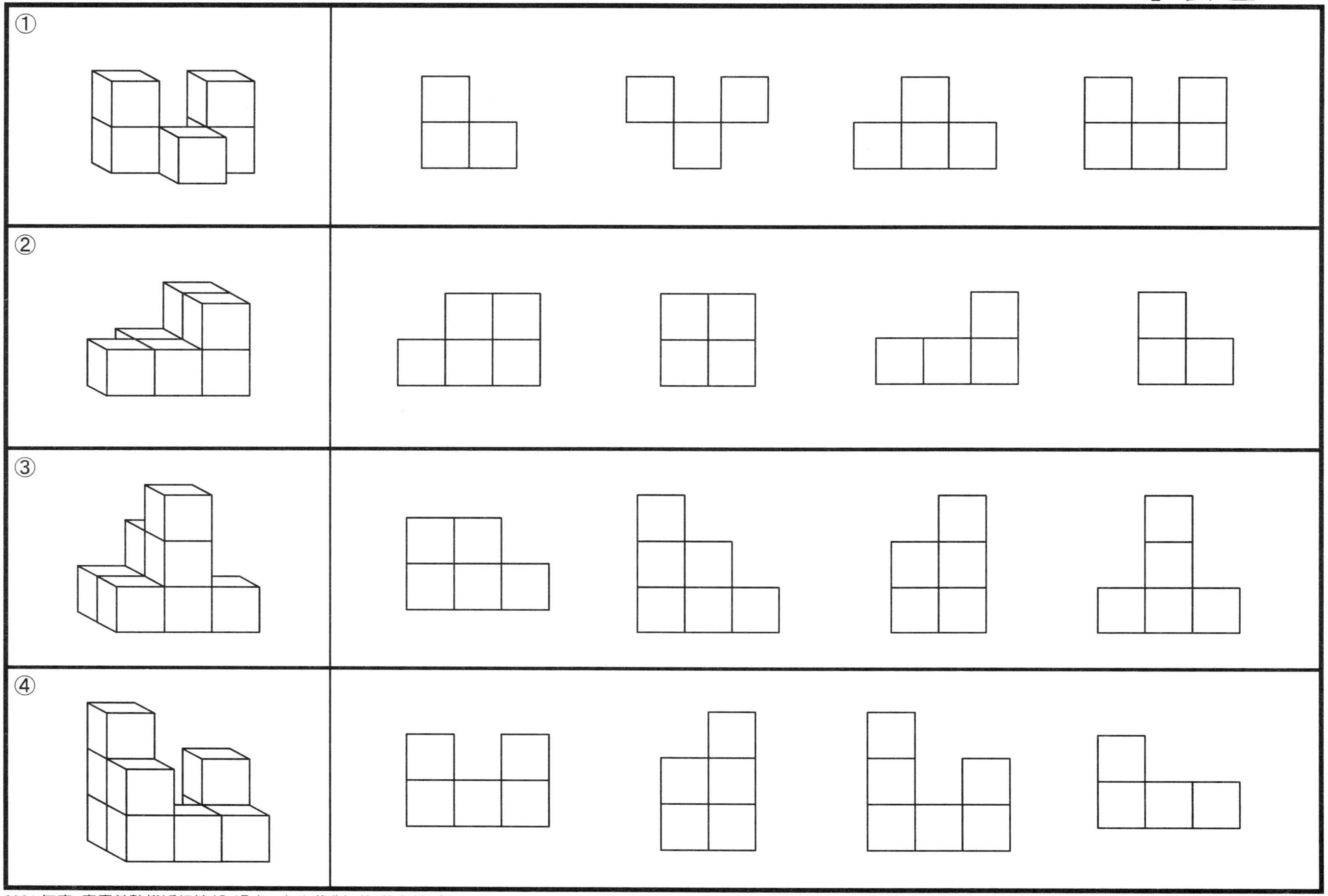

# 問題4

①

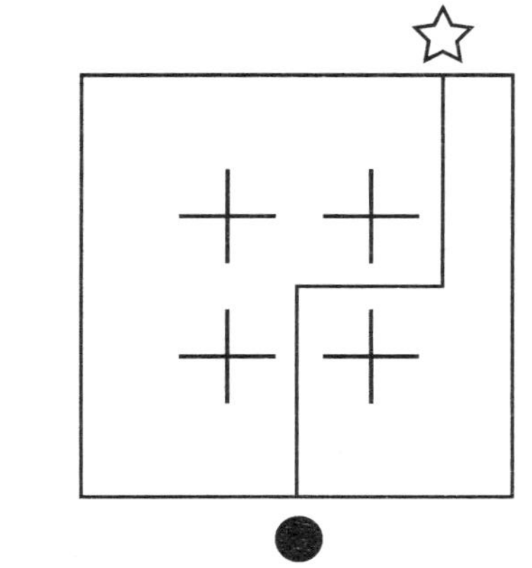

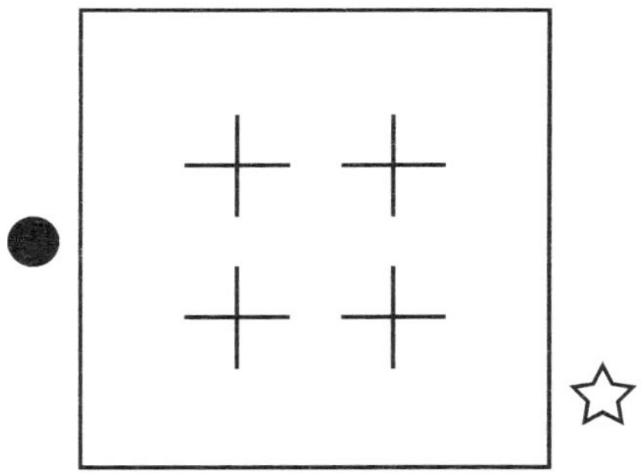

②

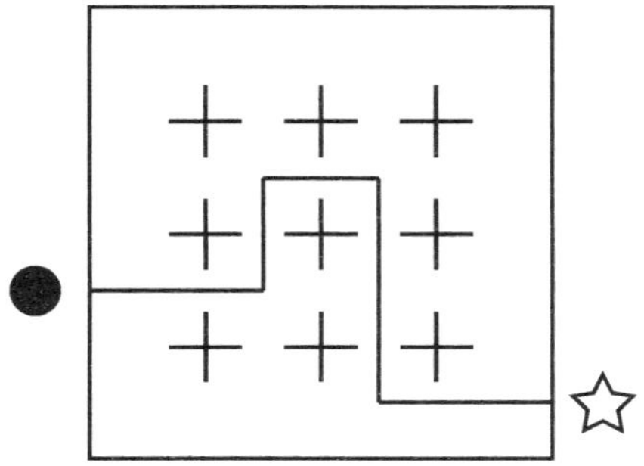

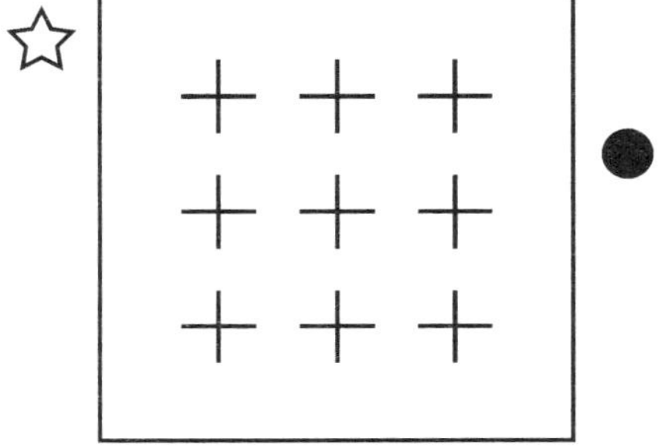

③

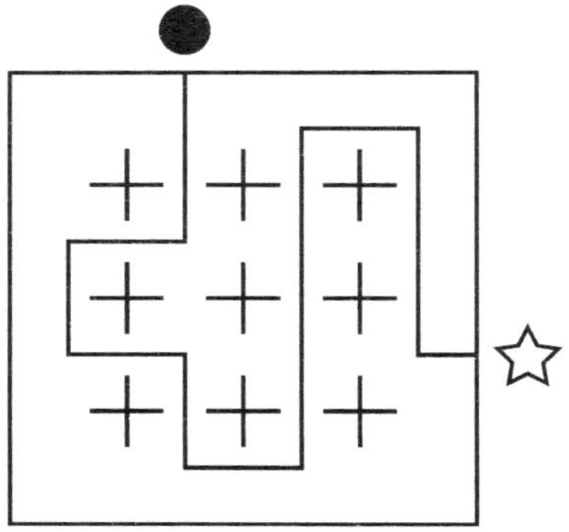

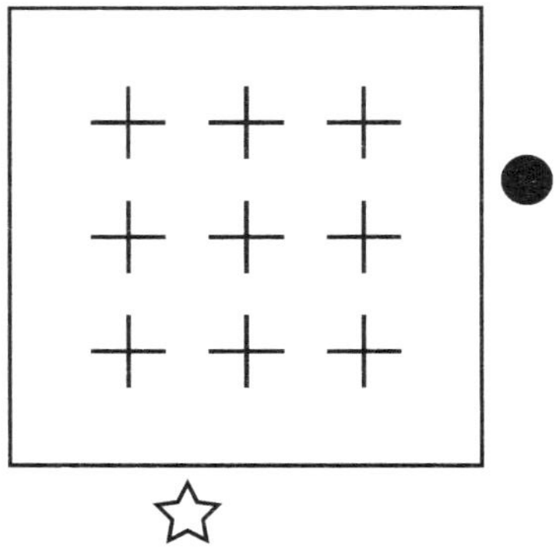

   

2024 年度　慶應義塾横浜初等部　過去　無断複製／転載を禁ずる　日本学習図書株式会社

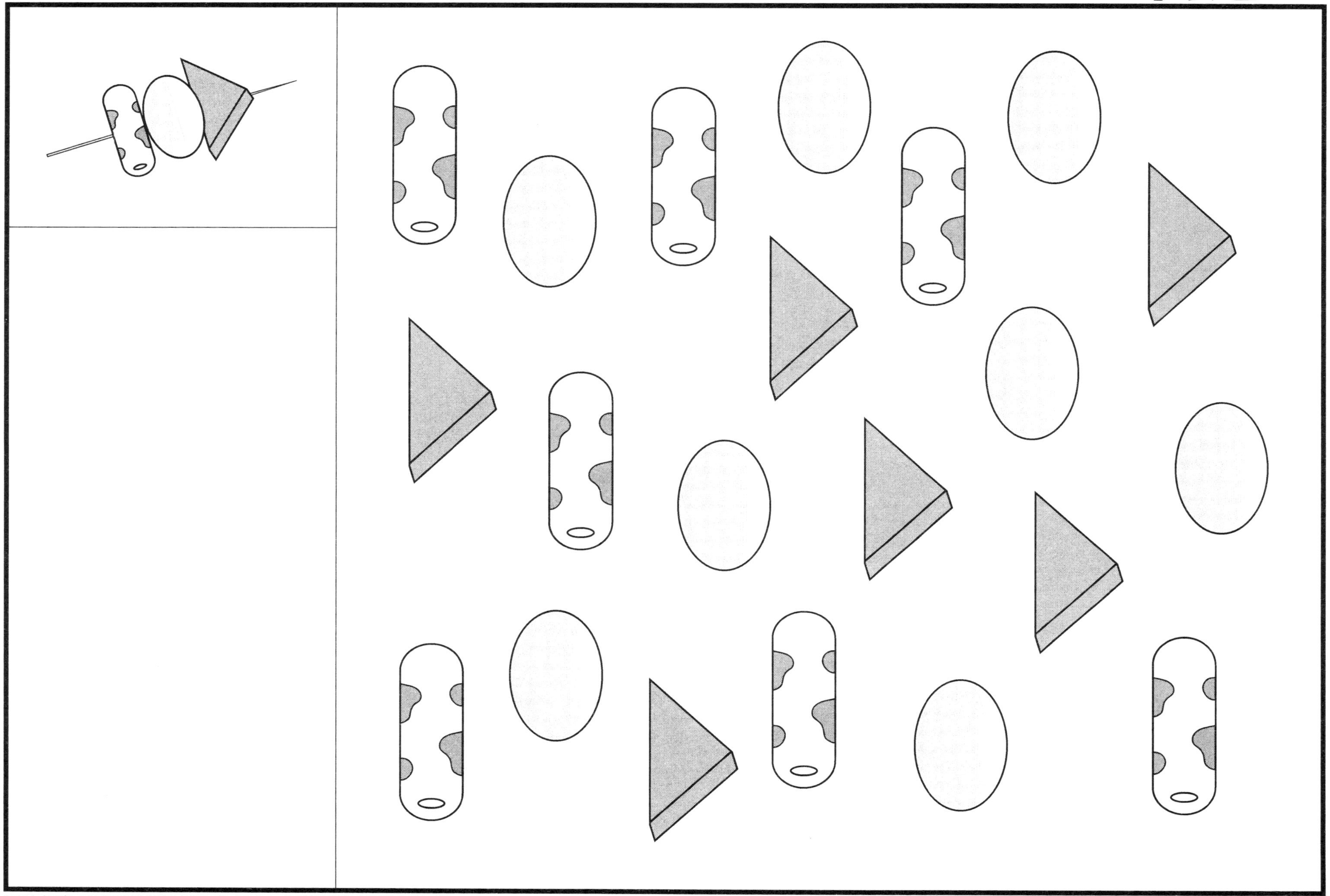

# 問題6

# 問題 9

クモ歩き
1マスに両足を交互に
入れて進む
2球は的に向かって投げる
もう2球はできるだけ遠くに投げる
全力で走る

# 問題１０

2024 年度 慶應義塾横浜初等部 過去 無断複製／転載を禁ずる 日本学習図書株式会社

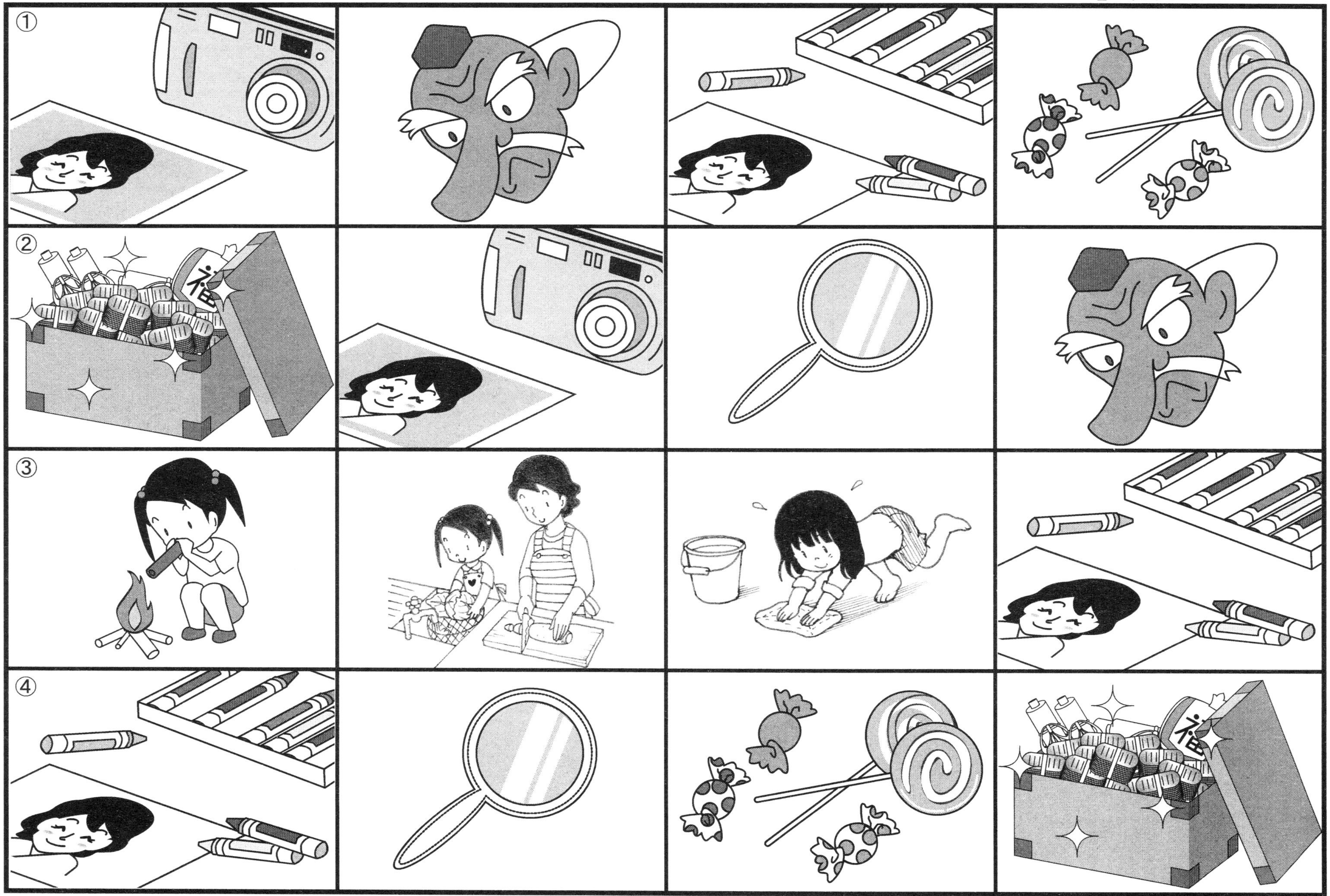

2024年度 慶應義塾横浜初等部 過去 無断複製／転載を禁ずる　　　　日本学習図書株式会社

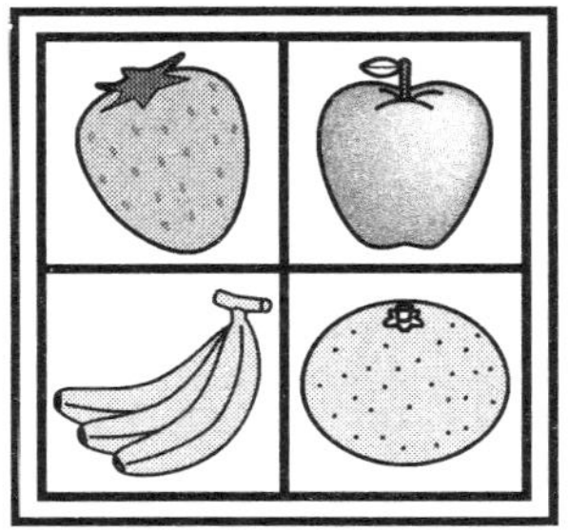

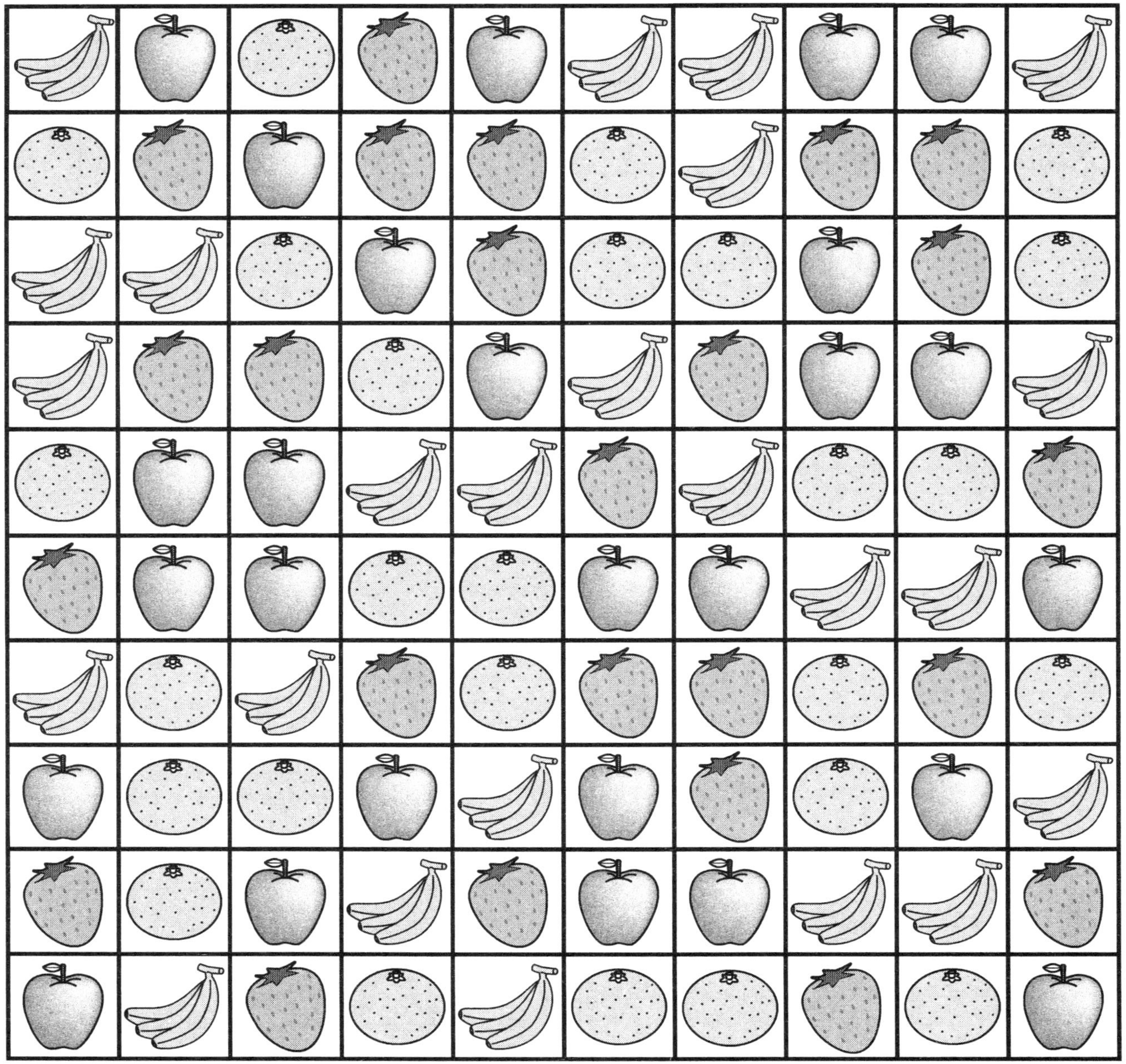

# 問題12－2

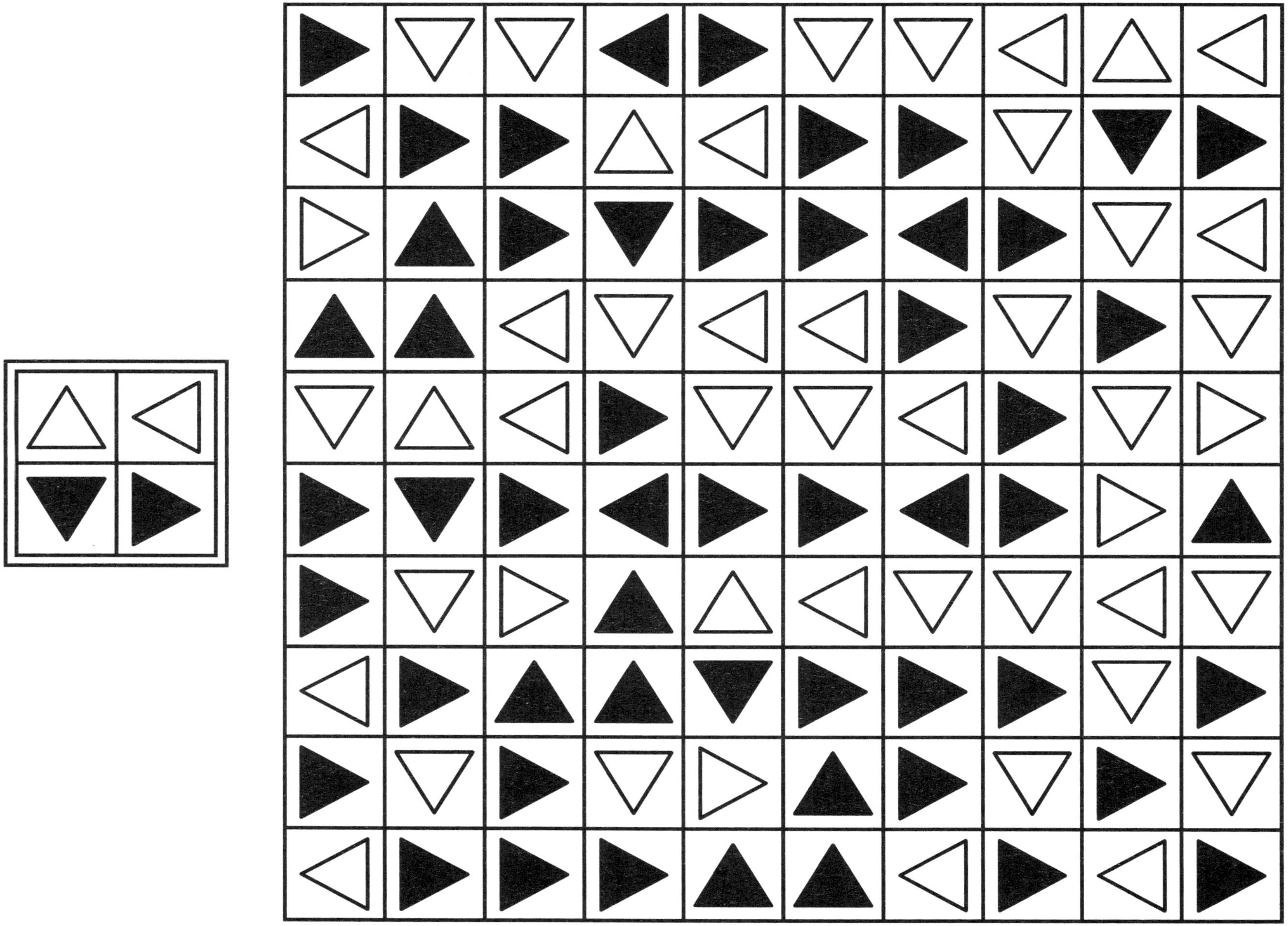

2024 年度　慶應義塾横浜初等部　過去　無断複製／転載を禁ずる　　　　　　　日本学習図書株式会社

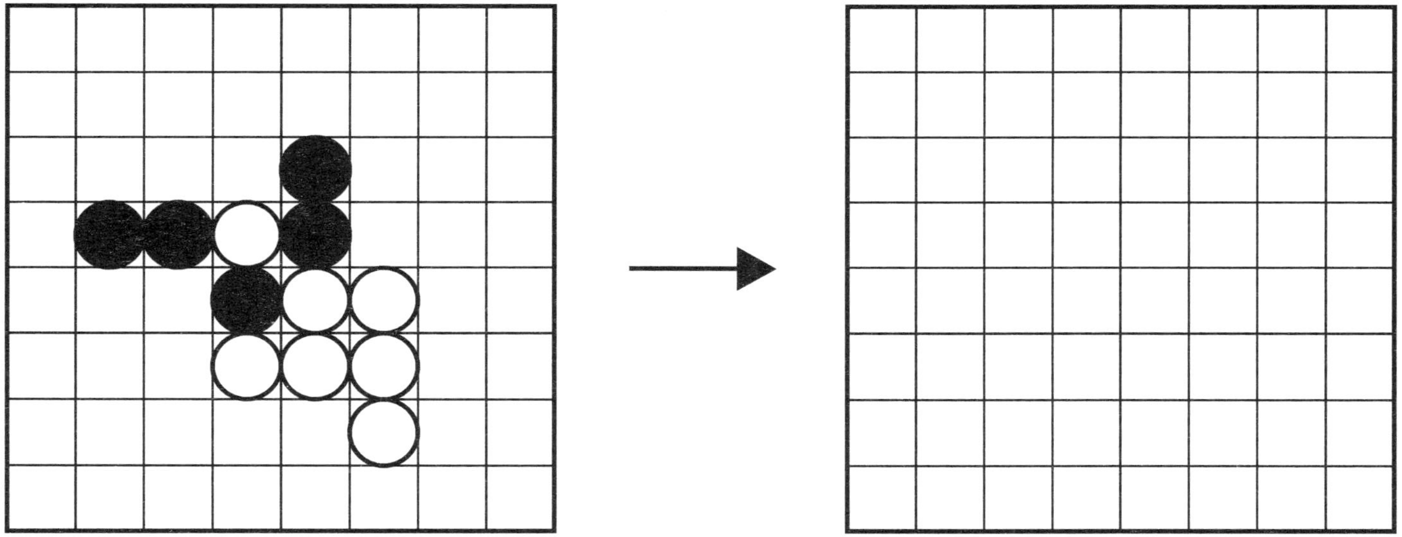

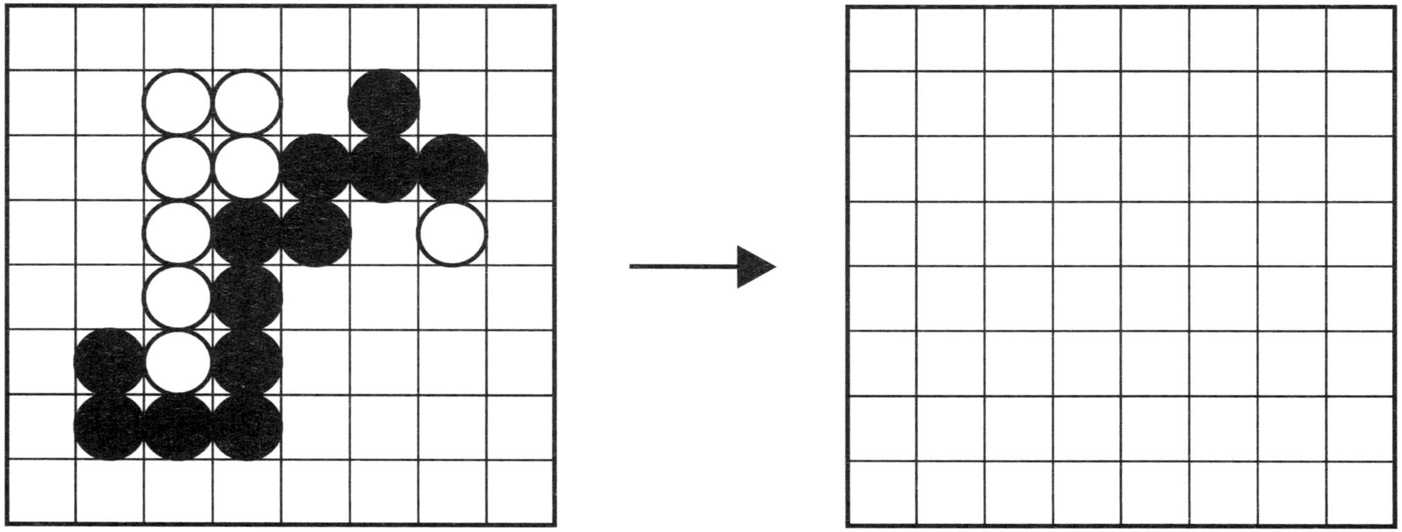

# 問題１４

# 問題15

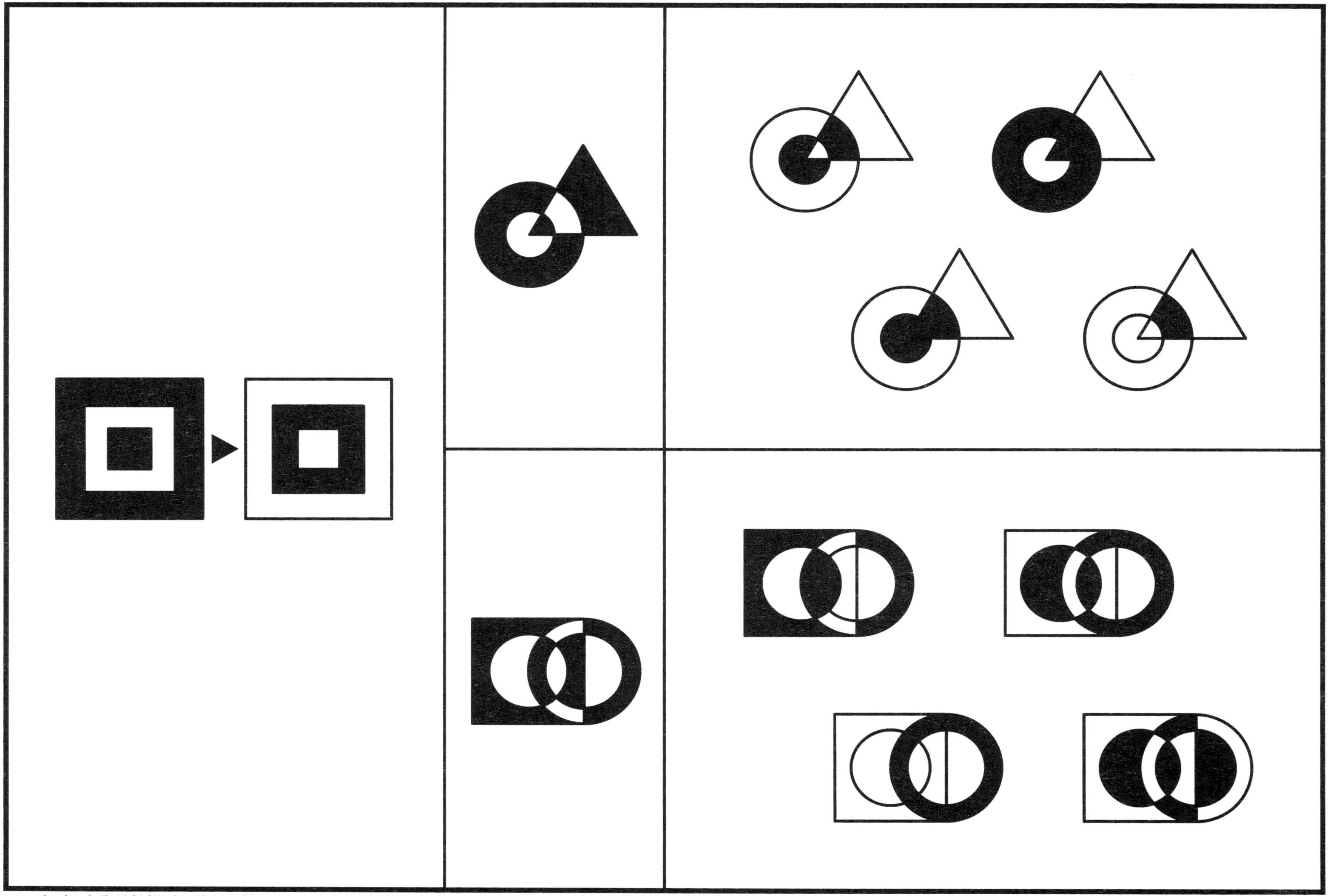

 

# 問題16

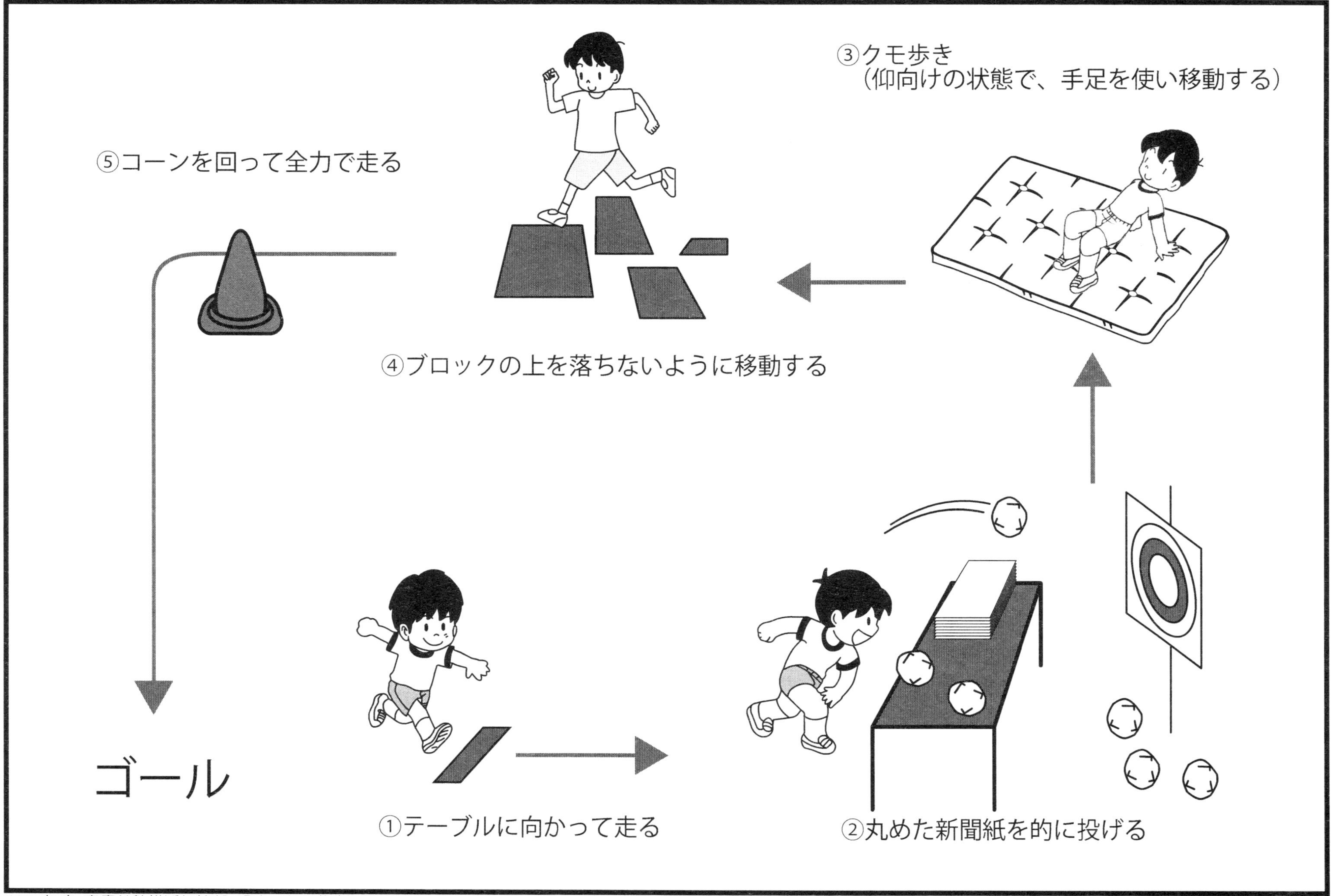

③クモ歩き
（仰向けの状態で、手足を使い移動する）
⑤コーンを回って全力で走る
④ブロックの上を落ちないように移動する
ゴール
①テーブルに向かって走る
②丸めた新聞紙を的に投げる

# 問題１８

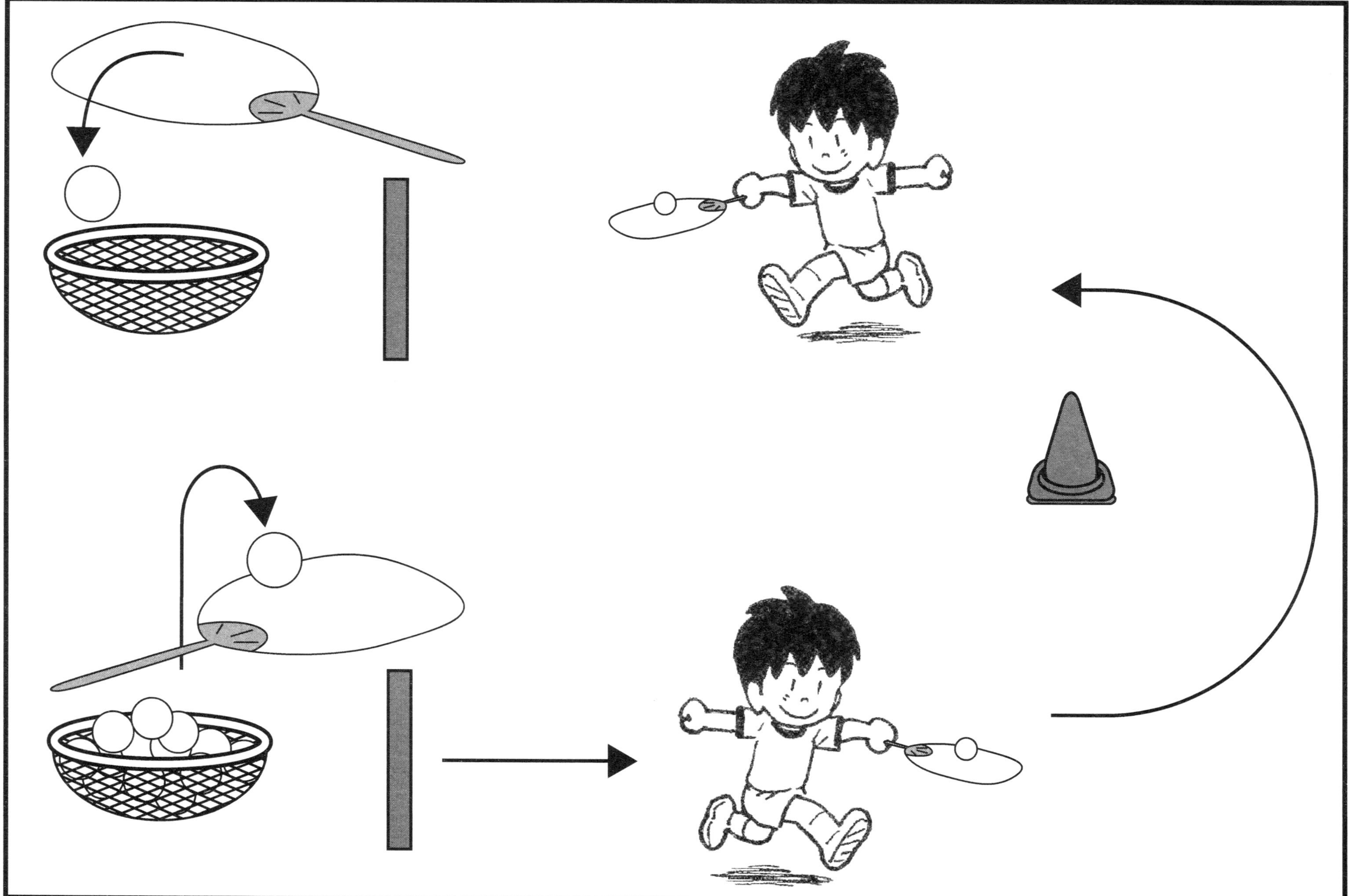

# 問題19

①

②

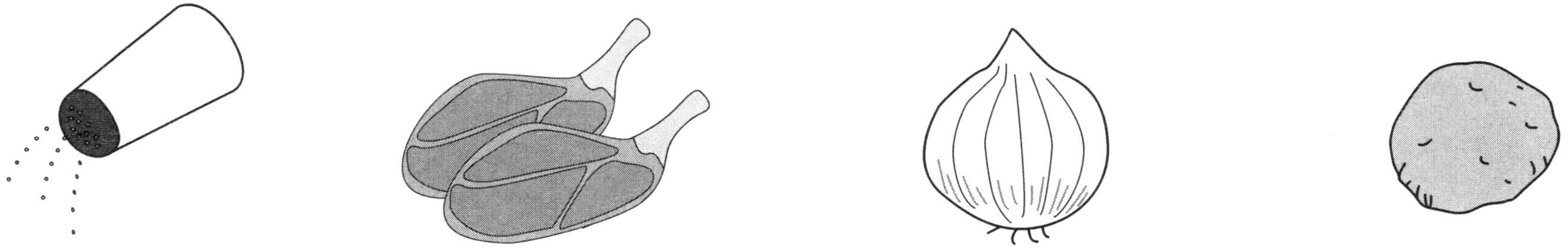

③

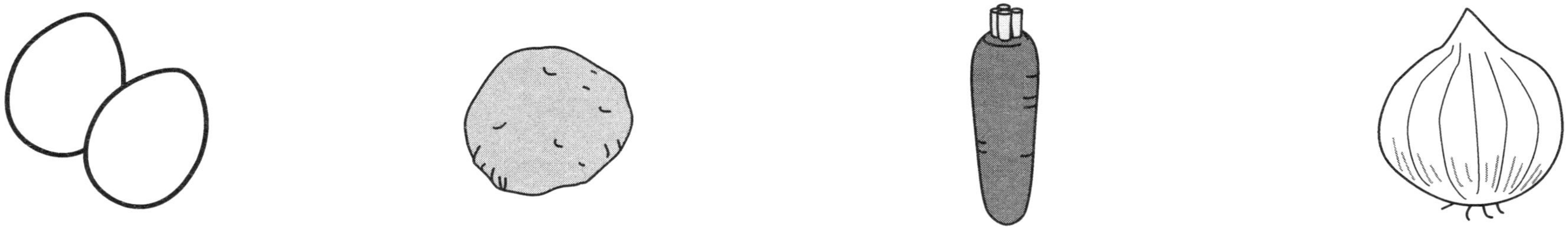

④

2024 年度　慶應義塾横浜初等部　過去　無断複製／転載を禁ずる　　　　日本学習図書株式会社

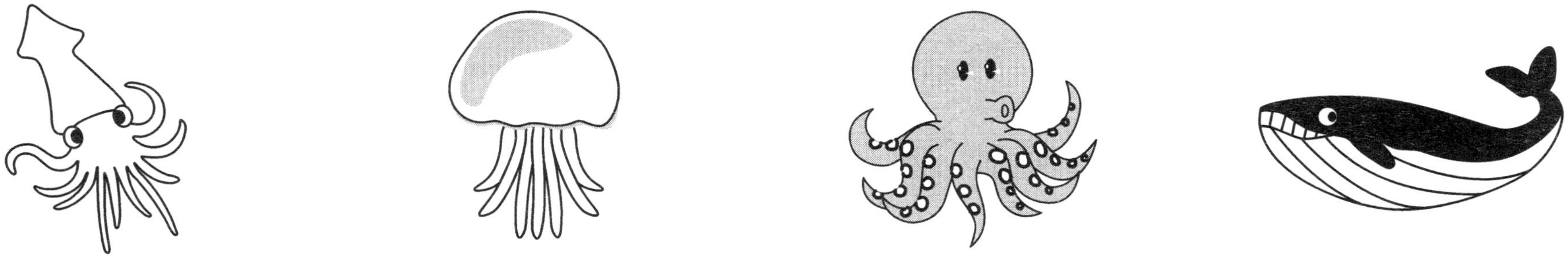

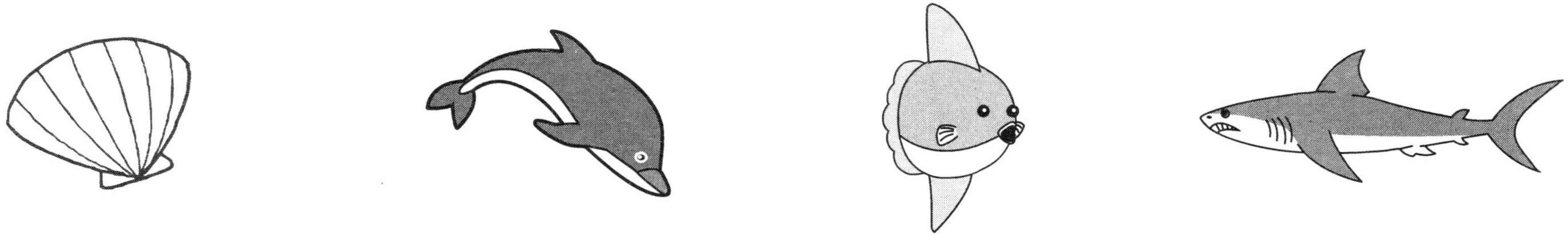

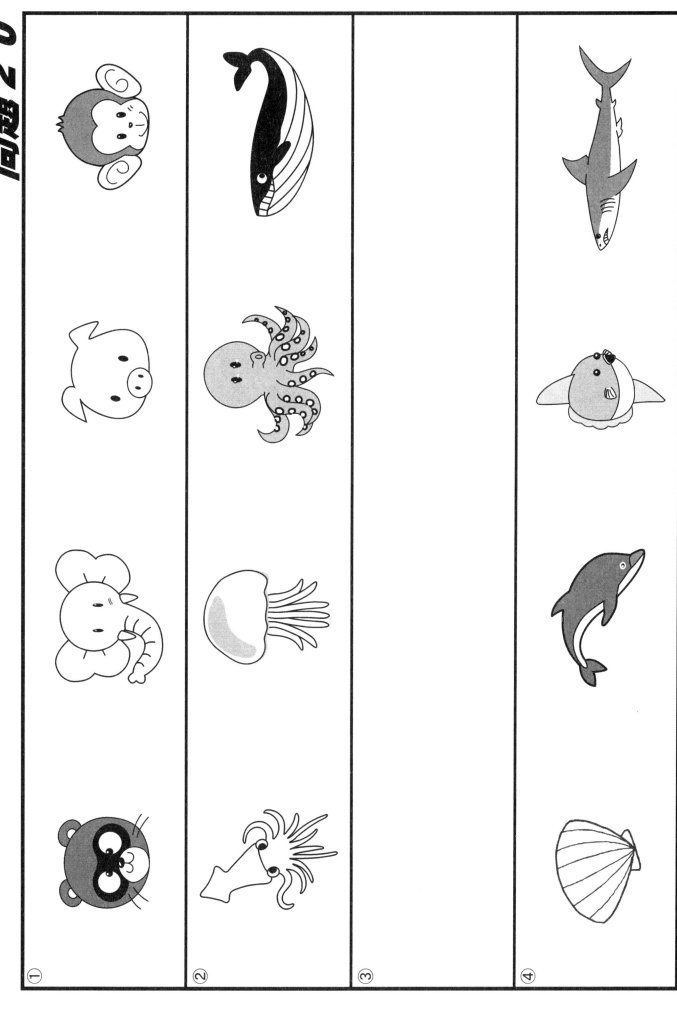

# 問題2 1－1

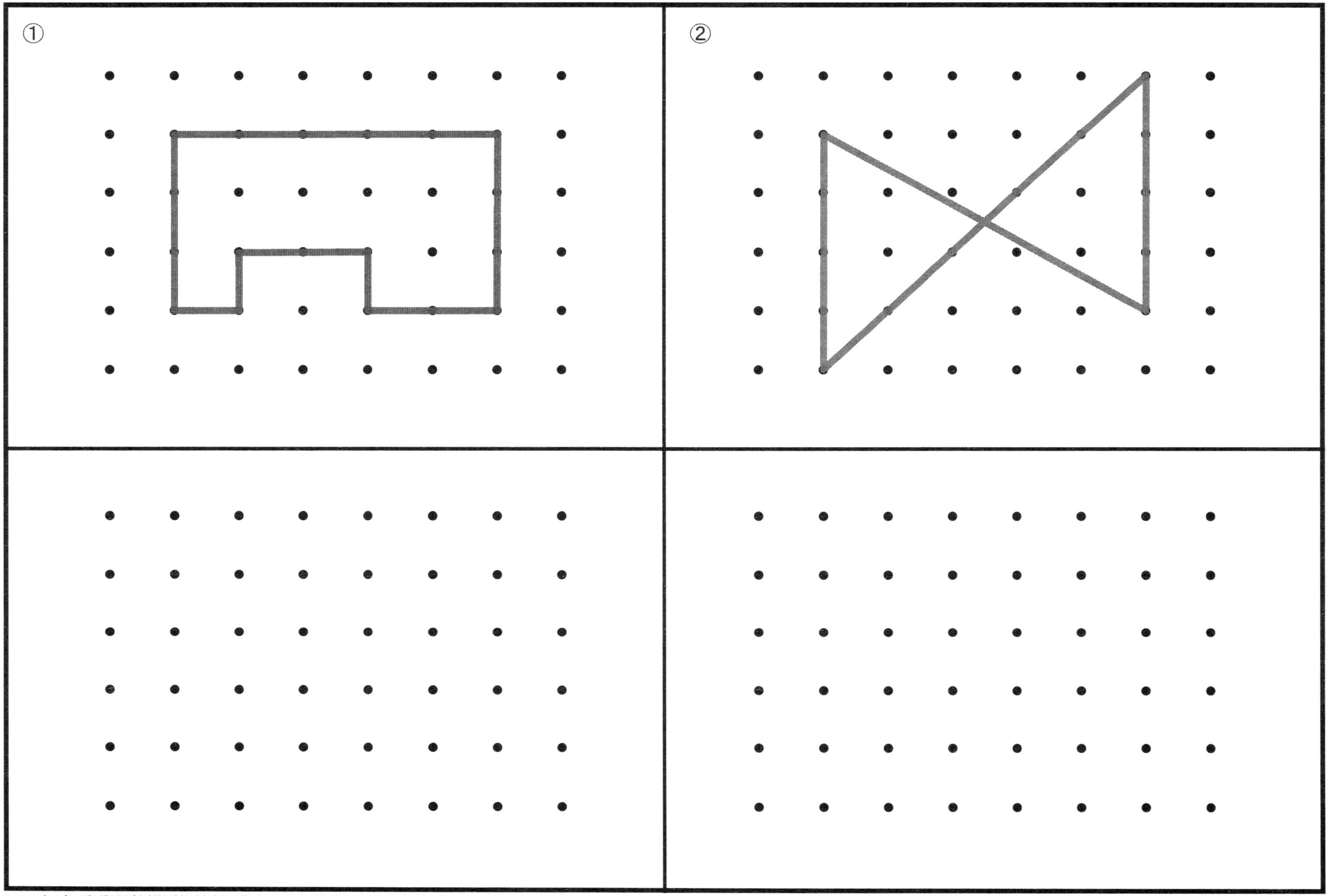

③

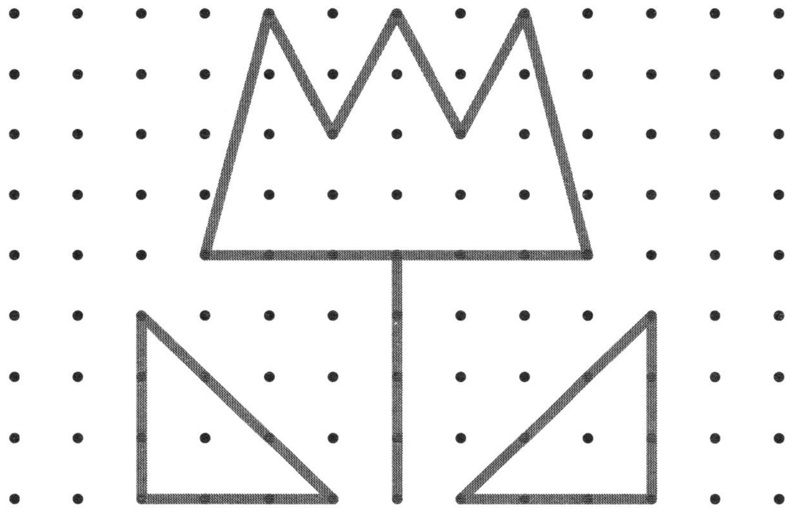

④

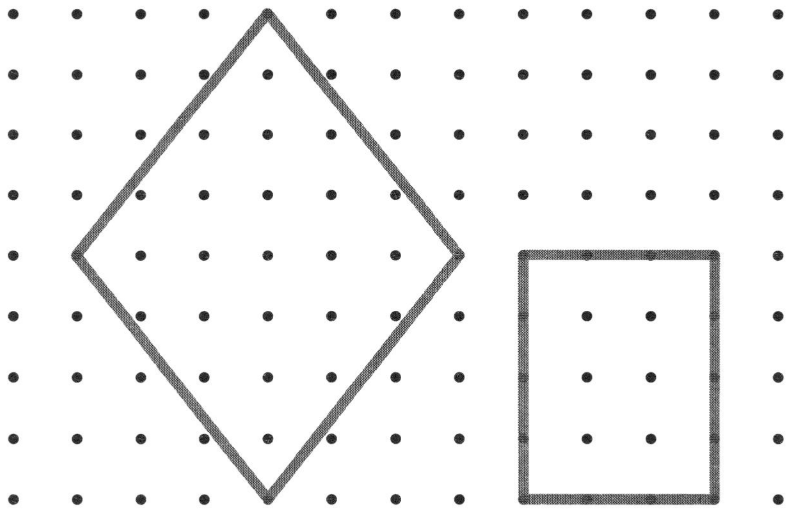

# 問題２２

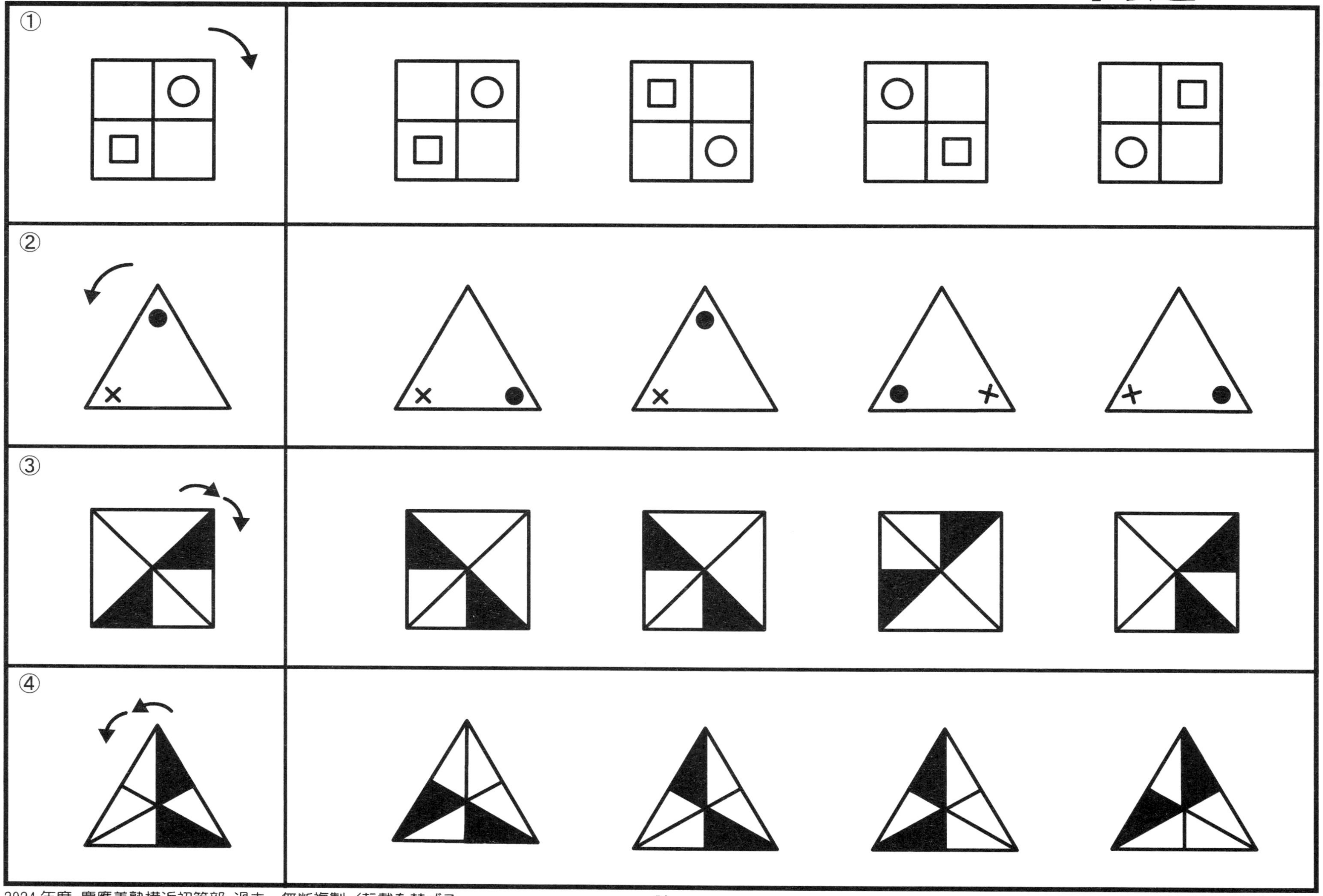


 

# 問題２３

①

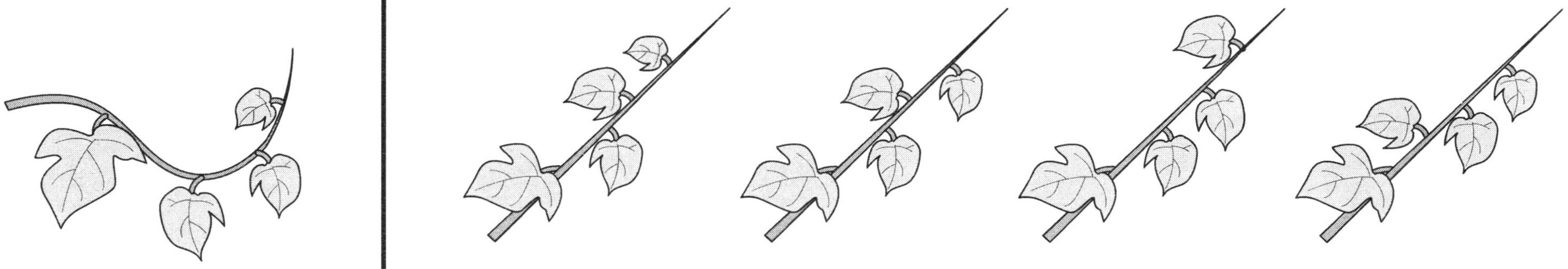

②

③

# 問題２４

①

②

③

# 問題26

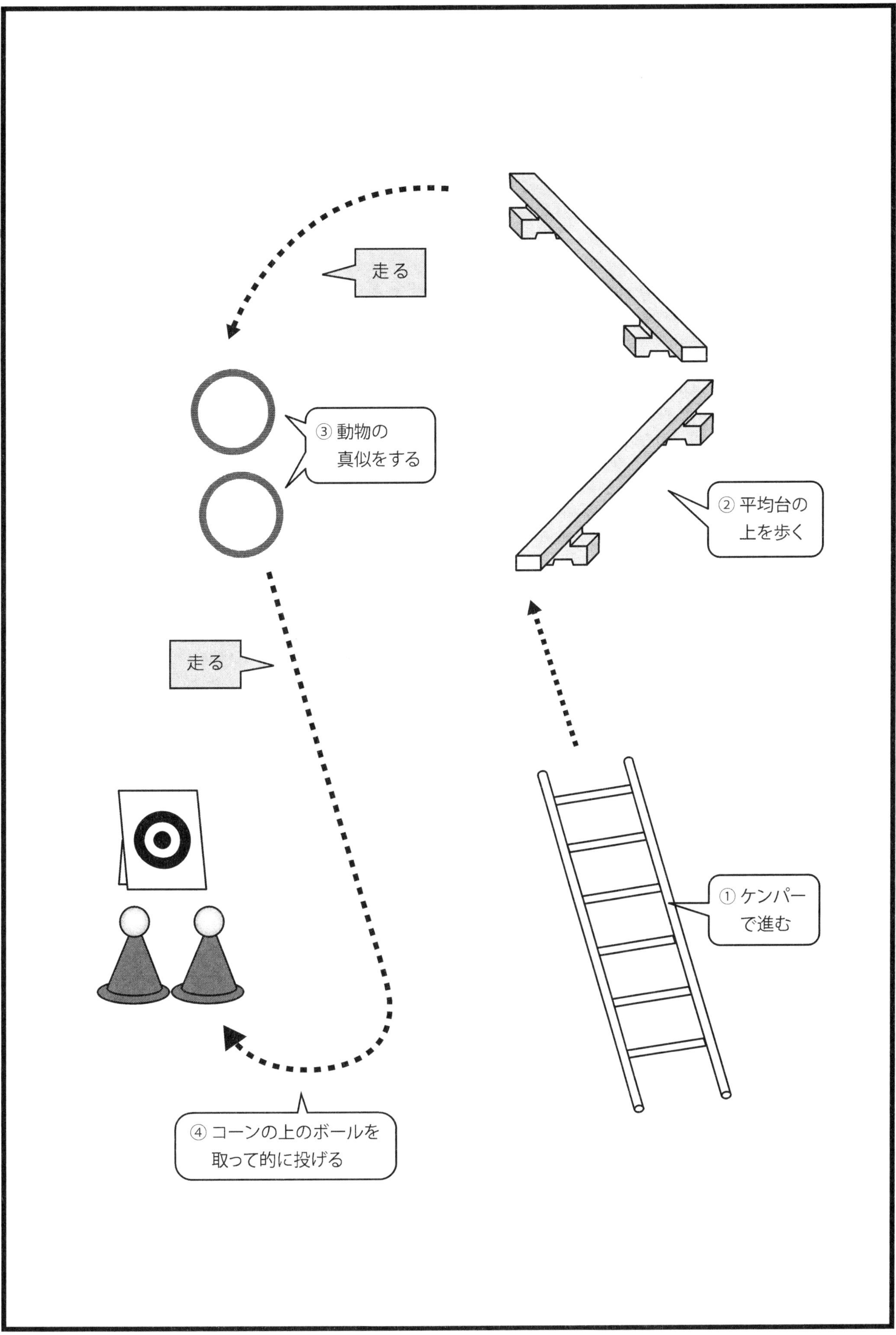
①ケンパーで進む
②平均台の上を歩く
走る
③動物の真似をする
走る
④コーンの上のボールを取って的に投げる

# 問題２８

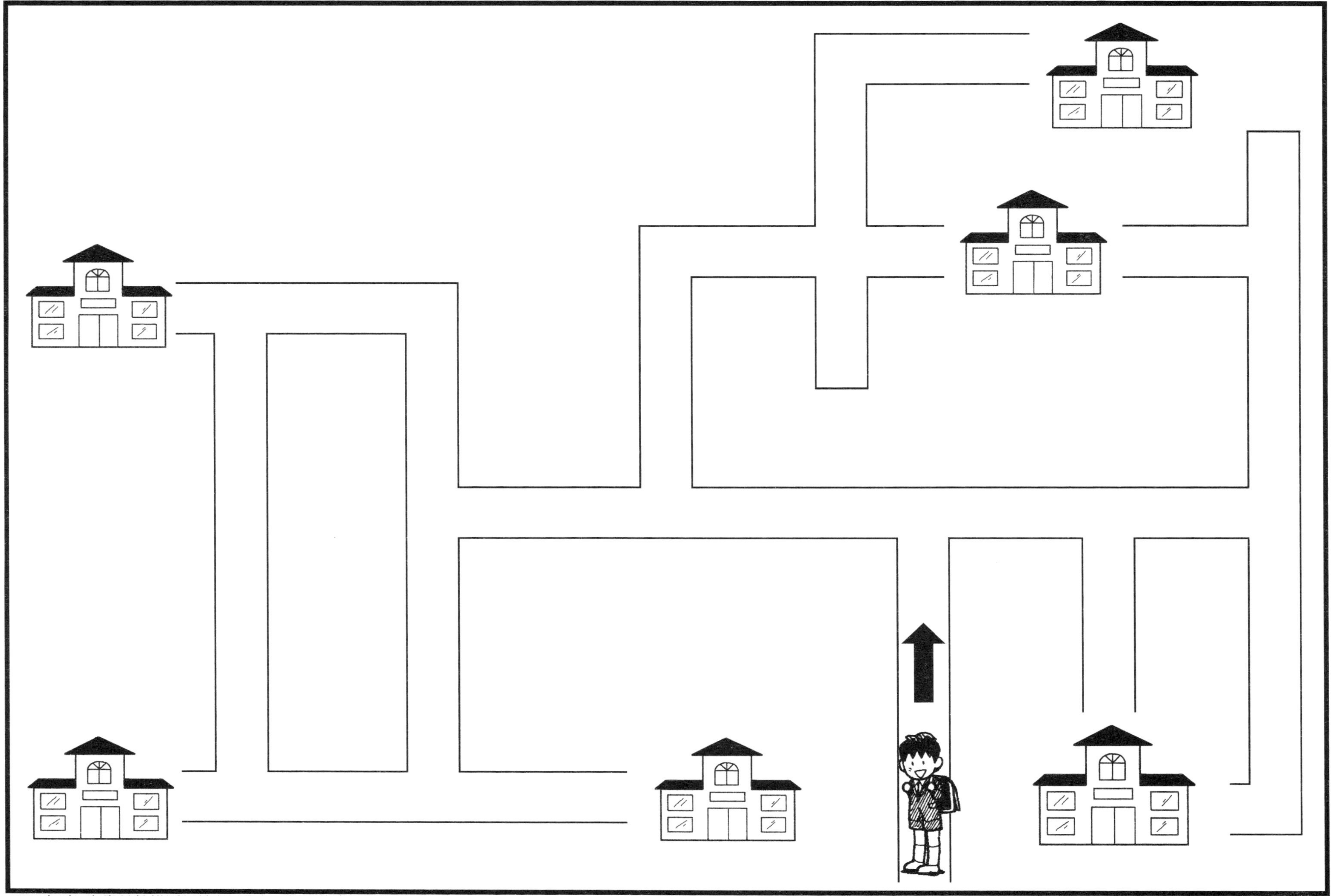

 



日本学習図書株式会社

# 問題２９

①

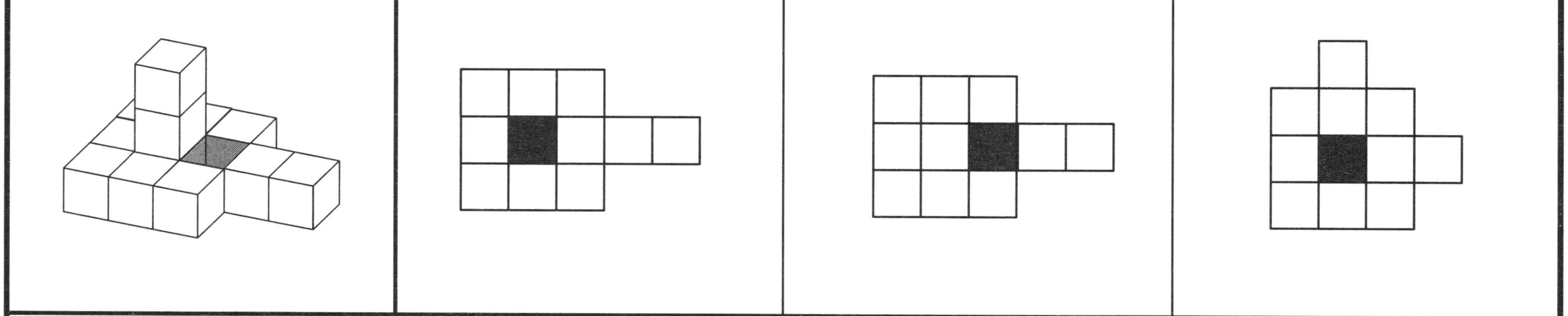

②

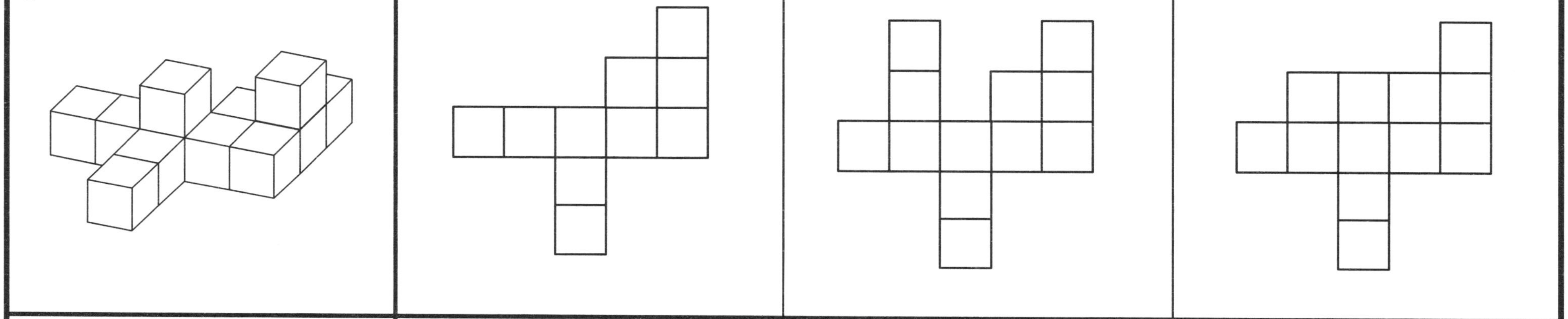

③

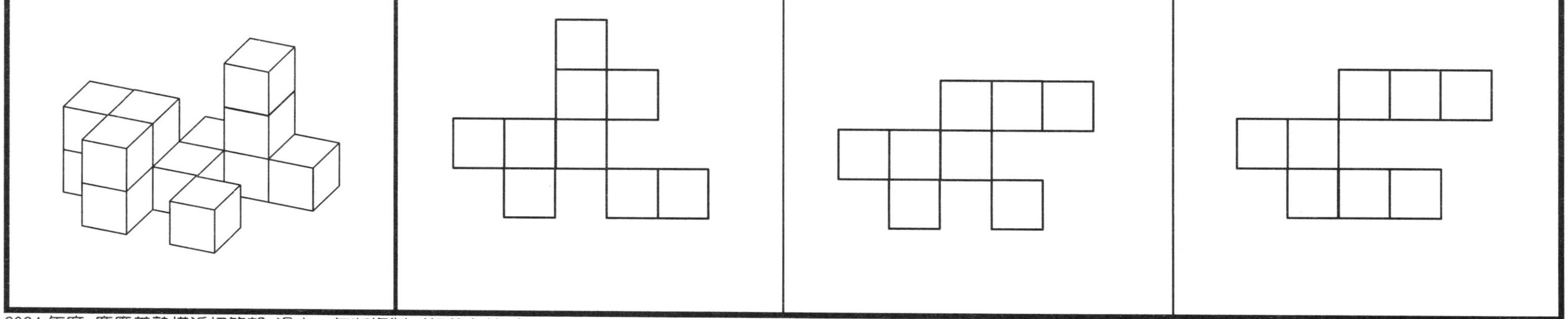

　

# 問題３０

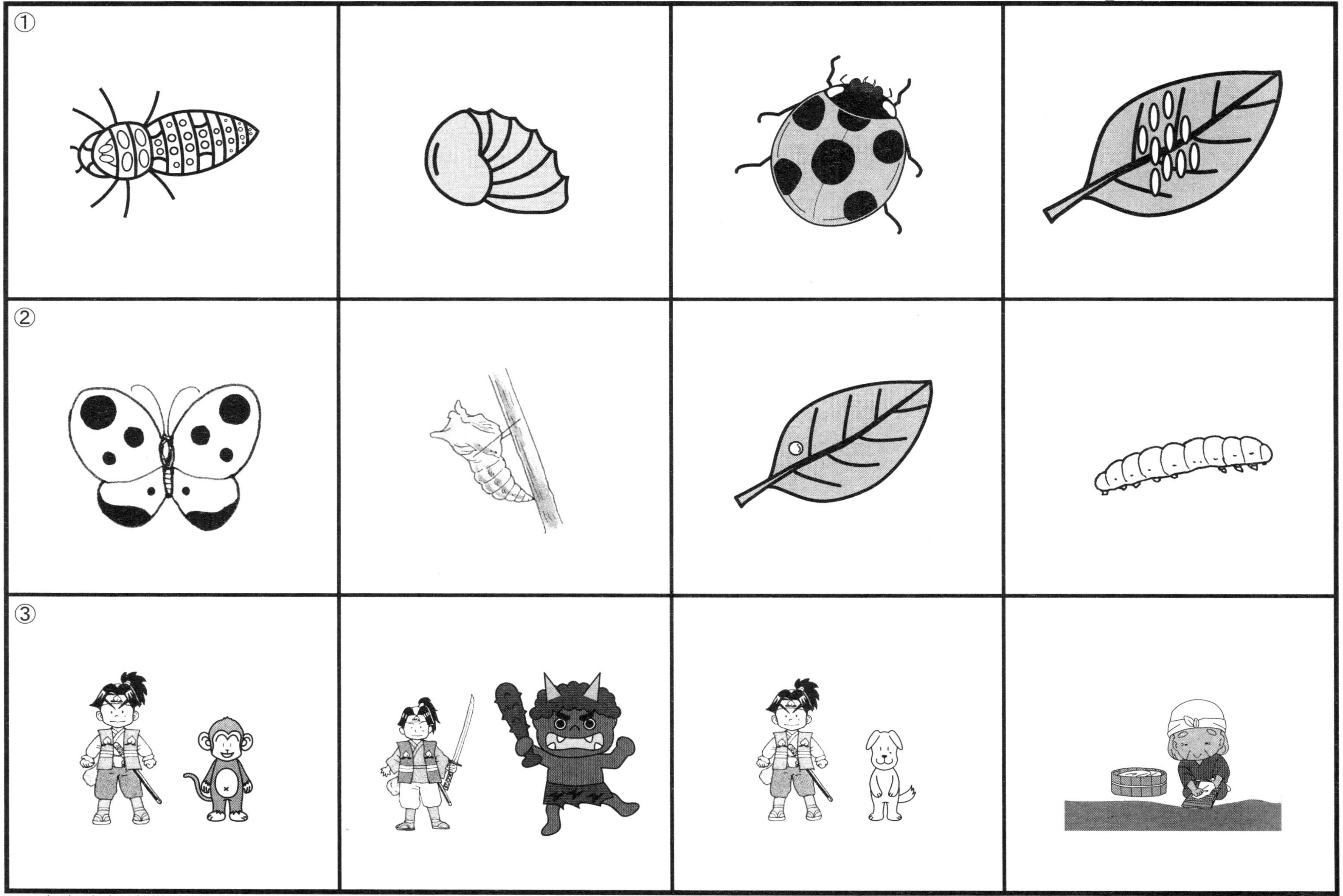


 

日本学習図書株式会社

# 問題３１

2024 年度 慶應義塾横浜初等部 過去 無断複製／転載を禁ずる 日本学習図書株式会社

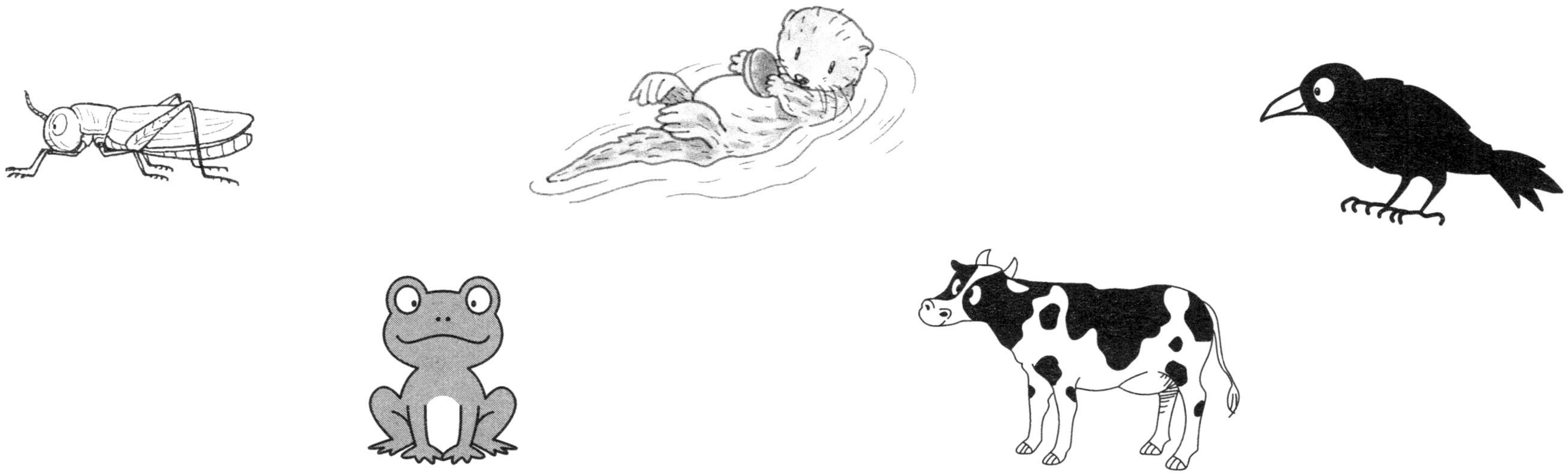

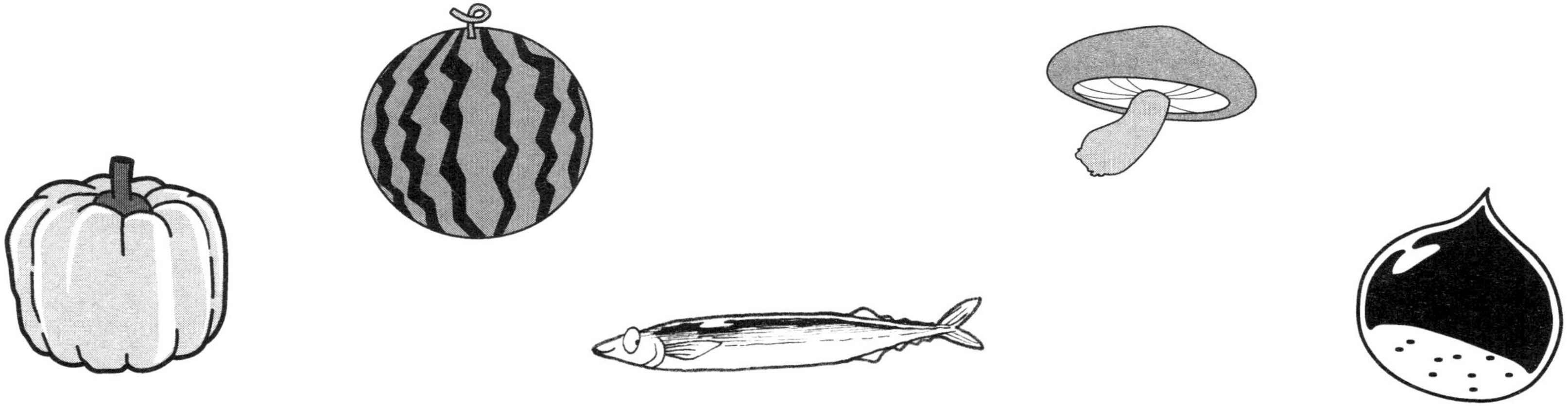

# 問題３３

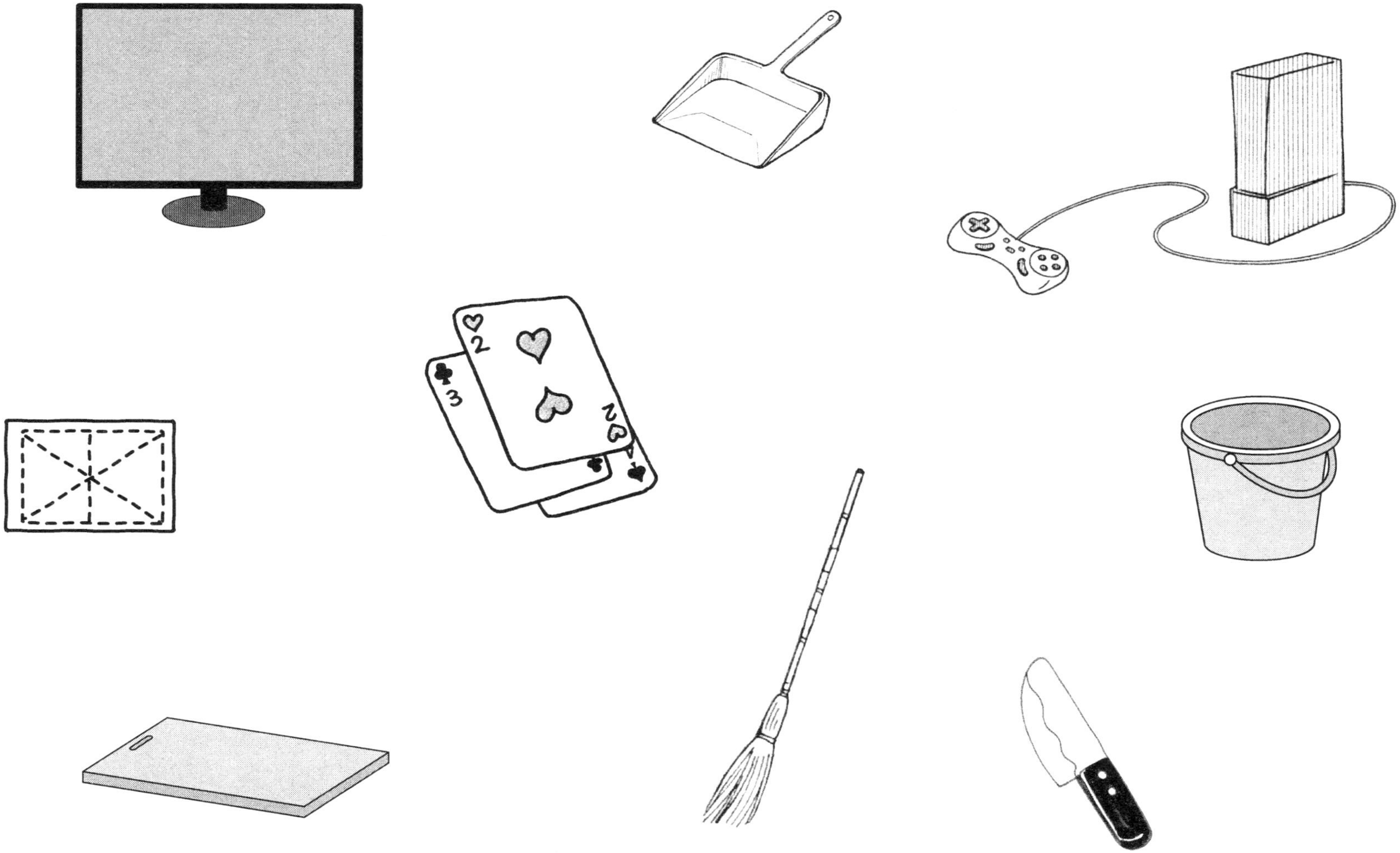

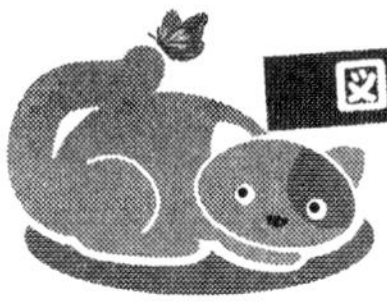

図書カード 1000 円分プレゼント

ご記入日 令和　年　月　日

# ☆国・私立小学校受験アンケート☆

※可能な範囲でご記入下さい。選択肢は○で囲んで下さい。

〈小学校名〉＿＿＿＿＿＿＿＿　〈お子さまの性別〉男・女　〈誕生月〉＿＿月

〈その他の受験校〉（複数回答可）＿＿＿＿＿＿＿＿

〈受験日〉①：＿月＿日〈時間〉＿時＿分～＿時＿分

②：＿月＿日〈時間〉＿時＿分～＿時＿分

〈受験者数〉男女計＿＿名（男子＿＿名　女子＿＿名）

〈お子さまの服装〉＿＿＿＿＿＿＿＿

〈入試全体の流れ〉（記入例）準備体操→行動観察→ペーパーテスト

＿＿＿＿＿＿＿＿

**Eメールによる情報提供**

日本学習図書では、Eメールでも入試情報を募集しております。

下記のアドレスに、アンケートの内容をご入力の上、メールをお送り下さい。

**ojuken@nichigaku.jp**

## ●行動観察　（例）好きなおもちゃで遊ぶ・グループで協力するゲームなど

〈実施日〉＿月＿日〈時間〉＿時＿分～＿時＿分〈着替え〉□有 □無

〈出題方法〉□肉声 □録音 □その他（　　）〈お手本〉□有 □無

〈試験形態〉□個別 □集団（　人程度）　〈会場図〉

〈内容〉

□自由遊び

＿＿＿＿＿＿＿＿

□グループ活動

＿＿＿＿＿＿＿＿

□その他

＿＿＿＿＿＿＿＿

## ●運動テスト（有・無）　（例）跳び箱・チームでの競争など

〈実施日〉＿月＿日〈時間〉＿時＿分～＿時＿分〈着替え〉□有 □無

〈出題方法〉□肉声 □録音 □その他（　　）〈お手本〉□有 □無

〈試験形態〉□個別 □集団（　人程度）　〈会場図〉

〈内容〉

□サーキット運動

□走り □跳び箱 □平均台 □ゴム跳び

□マット運動 □ボール運動 □なわ跳び

□クマ歩き

□グループ活動＿＿＿＿＿＿＿＿

□その他＿＿＿＿＿＿＿＿

## ●知能テスト・口頭試問

〈実施日〉＿＿月＿＿日 〈時間〉＿＿時＿＿分 ～ ＿＿時＿＿分 〈お手本〉□有 □無

〈出題方法〉 □肉声 □録音 □その他（　　　　） 〈問題数〉 ＿＿枚 ＿＿問

| 分野 | 方法 | 内　　容 | 詳　細・イ　ラ　ス　ト |
|---|---|---|---|
| (例)<br>お話の記憶 | ☑筆記<br>□口頭 | 動物たちが待ち合わせをする話 | (あらすじ)<br>動物たちが待ち合わせをした。最初にウサギさんが来た。次にイヌくんが、その次にネコさんが来た。最後にタヌキくんが来た。<br>(問題・イラスト) <br>３番目に来た動物は誰か |
| お話の記憶 | □筆記<br>□口頭 | | (あらすじ)<br><br>(問題・イラスト) |
| 図形 | □筆記<br>□口頭 | | |
| 言語 | □筆記<br>□口頭 | | |
| 常識 | □筆記<br>□口頭 | | |
| 数量 | □筆記<br>□口頭 | | |
| 推理 | □筆記<br>□口頭 | | |
| その他 | □筆記<br>□口頭 | | |

## ●制作　（例）ぬり絵・お絵かき・工作遊びなど

〈実施日〉＿＿月＿＿日　〈時間〉＿＿時＿＿分　～　＿＿時＿＿分

〈出題方法〉　□肉声　□録音　□その他（　　　　　　　　）　〈お手本〉□有　□無

〈試験形態〉　□個別　□集団（　　　　人程度）

| 材料・道具 | 制作内容 |
|---|---|
| □ハサミ<br>□のり（□つぼ　□液体　□スティック）<br>□セロハンテープ<br>□鉛筆　□クレヨン（　色）<br>□クーピーペン（　色）<br>□サインペン（　色）□<br>□画用紙（□ A4　□ B4　□ A3<br>□その他：　　　　　　　　）<br>□折り紙　□新聞紙　□粘土<br>□その他（　　　　　　　　） | □切る　□貼る　□塗る　□ちぎる　□結ぶ　□描く　□その他（　　　　　　　　　　）<br>タイトル：＿＿＿＿＿＿＿＿＿＿＿＿＿＿ |

## ●面接

〈実施日〉＿＿月＿＿日　〈時間〉＿＿時＿＿分　～　＿＿時＿＿分　〈面接担当者〉＿＿＿名

〈試験形態〉□志願者のみ（　　）名　□保護者のみ　□親子同時　□親子別々

〈質問内容〉

※試験会場の様子をご記入下さい。

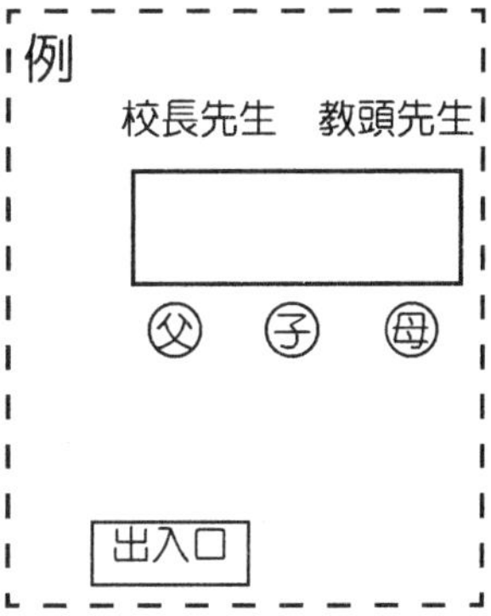


□志望動機　□お子さまの様子

□家庭の教育方針

□志望校についての知識・理解

□その他（　　　　　　　　　　　　　　　　）

（　詳　細　）

・

・

・

・

## ●保護者作文・アンケートの提出（有・無）

〈提出日〉　□面接直前　□出願時　□志願者考査中　□その他（　　　　　　　　　　　）

〈下書き〉　□有　□無

〈アンケート内容〉

（記入例）当校を志望した理由はなんですか（150 字）

●説明会（□有　□無）〈開催日〉　　月　　日〈時間〉　　時　　分　～　　時　　分

〈上履き〉□要　□不要〈願書配布〉□有　□無〈校舎見学〉□有　□無

〈ご感想〉

●参加された学校行事（複数回答可）

公開授業〈開催日〉　　月　　日〈時間〉　　時　　分　～　　時　　分

運動会など〈開催日〉　　月　　日〈時間〉　　時　　分　～　　時　　分

学習発表会・音楽会など〈開催日〉　　月　　日〈時間〉　　時　　分　～　　時　　分

〈ご感想〉

※是非参加したほうがよいと感じた行事について

●受験を終えてのご感想、今後受験される方へのアドバイス

※対策学習（重点的に学習しておいた方がよい分野）、当日準備しておいたほうがよい物など

＊＊＊＊＊＊＊＊＊＊＊＊＊　ご記入ありがとうございました　＊＊＊＊＊＊＊＊＊＊＊＊＊

**必要事項をご記入の上、ポストにご投函ください。**

なお、本アンケートの送付期限は入試終了後３ヶ月とさせていただきます。また、入試に関する情報の記入量が当社の基準に満たない場合、謝礼の送付ができないことがございます。あらかじめご了承ください。

ご住所：〒

お名前：　　　　　　メール：

ＴＥＬ：　　　　　　ＦＡＸ：

ご記入頂いた個人に関する情報は、当社にて厳重に管理致します。弊社の個人情報取り扱いに関する詳細は、www.nichigaku.jp/policy.php の「個人情報の取り扱い」をご覧下さい。

# 分野別 小学入試練習帳 ジュニアウォッチャー

| | |
|---|---|
| 1．点・線図形 | 小学校入試で出題頻度の高い『点・線図形』の模写を、難易度の低いものから段階別に幅広く練習することができるように構成。 |
| 2．座標 | 図形の位置模写という作業を、難易度の低いものから段階別に練習できるように構成。 |
| 3．パズル | 様々なパズルの問題を難易度の低いものから段階別に練習できるように構成。 |
| 4．同図形探し | 小学校入試で出題頻度の高い、同図形選びの問題を繰り返し練習できるように構成。 |
| 5．回転・展開 | 図形などを回転、または展開したとき、形がどのように変化するかを学習し、理解を深められるように構成。 |
| 6．系列 | 数、図形などの様々な系列問題を、難易度の低いものから段階別に練習できるように構成。 |
| 7．迷路 | 迷路の問題を繰り返し練習できるように構成。 |
| 8．対称 | 対称に関する問題を４つのテーマに分類し、各テーマごとに問題を段階別に練習できるように構成。 |
| 9．合成 | 図形の合成に関する問題を、難易度の低いものから段階別に練習できるように構成。 |
| 10．四方からの観察 | もの（立体）を様々な角度から見て、どのように見えるかを推理する問題を段階別に整理し、１つの形式で複数の問題を練習できるように構成。 |
| 11．いろいろな仲間 | ものや動物、植物の共通点を見つけ、分類していく問題を中心に構成。 |
| 12．日常生活 | 日常生活における様々な問題を６つのテーマに分類し、各テーマごとに一つの問題形式で複数の問題を練習できるように構成。 |
| 13．時間の流れ | 『時間』に着目し、様々なものごとは、時間が経過するとどのように変化するのかということを学習し、理解できるように構成。 |
| 14．数える | 様々なものを『数える』ことから、数の多少の判定やかけ算、わり算の基礎までを練習できるように構成。 |
| 15．比較 | 比較に関する問題を５つのテーマ（数、高さ、長さ、量、重さ）に分類し、各テーマごとに問題を段階別に練習できるように構成。 |
| 16．積み木 | 数える対象を積み木に限定した問題集。 |
| 17．言葉の音遊び | 言葉の音に関する問題を５つのテーマに分類し、各テーマごとに問題を段階別に練習できるように構成。 |
| 18．いろいろな言葉 | 表現力をより豊かにするいろいろな言葉として、擬態語や擬声語、同音異義語、反意語、数詞を取り上げた問題集。 |
| 19．お話の記憶 | お話を聴いてその内容を記憶、理解し、設問に答える形式の問題集。 |
| 20．見る記憶・聴く記憶 | 「見て憶える」「聴いて憶える」という『記憶』分野に特化した問題集。 |
| 21．お話作り | いくつかの絵を元にしてお話を作る練習をして、想像力を養うことができるように構成。 |
| 22．想像画 | 描かれてある形や景色に好きな絵を描くことにより、想像力を養うことができるように構成。 |
| 23．切る・貼る・塗る | 小学校入試で出題頻度の高い、はさみやのりなどを用いた巧緻性の問題を繰り返し練習できるように構成。 |
| 24・絵画 | 小学校入試で出題頻度の高い、お絵かきやぬり絵などクレヨンやクーピーペンを用いた巧緻性の問題を繰り返し練習できるように構成。 |
| 25．生活巧緻性 | 小学校入試で出題頻度の高い日常生活の様々な場面における巧緻性の問題集。 |
| 26．文字・数字 | ひらがなの清音、濁音、拗音、拗長音、促音と１～20までの数字に焦点を絞り、練習できるように構成。 |
| 27．理科 | 小学校入試で出題頻度が高くなりつつある理科の問題を集めた問題集。 |
| 28．運動 | 出題頻度の高い運動問題を種目別に分けて構成。 |
| 29．行動観察 | 項目ごとに問題提起をし、「このような時はどうか、あるいはどう対処するのか」の観点から問いかける形式の問題集。 |
| 30．生活習慣 | 学校から家庭に提起された問題と思って、一問一問絵を見ながら話し合い、考える形式の問題集。 |

| | |
|---|---|
| 31．推理思考 | 数、量、言語、常識（含理科、一般）など、諸々のジャンルから問題を構成し、近年の小学校入試問題傾向に沿って構成。 |
| 32．ブラックボックス | 箱や筒の中を通ると、どのようなお約束でどのように変化するかを推理・思考する問題集。 |
| 33．シーソー | 重さの違うものをシーソーに乗せた時どちらに傾くのか、またどうすればシーソーは釣り合うのかを思考する基礎的な問題集。 |
| 34．季節 | 様々な行事や植物などを季節別に分類できるように知識をつける問題集。 |
| 35．重ね図形 | 小学校入試で頻繁に出題されている「図形を重ね合わせてできる形」についての問題を集めました。 |
| 36．同数発見 | 様々な物を数え「同じ数」を発見し、数の多少の判断や数の認識の基礎を学べるように構成した問題集。 |
| 37．選んで数える | 数の学習の基本となる、いろいろなものの数を正しく数える学習を行う問題集。 |
| 38．たし算・ひき算１ | 数字を使わず、たし算とひき算の基礎を身につけるための問題集。 |
| 39．たし算・ひき算２ | 数字を使わず、たし算とひき算の基礎を身につけるための問題集。 |
| 40．数を分ける | 数を等しく分ける問題です。等しく分けたときに余りが出るものもあります。 |
| 41．数の構成 | ある数がどのような数で構成されているか学んでいきます。 |
| 42．一対多の対応 | 一対一の対応から、一対多の対応まで、かけ算の考え方の基礎学習を行います。 |
| 43．数のやりとり | あげたり、もらったり、数の変化をしっかりと学びます。 |
| 44．見えない数 | 指定された条件から数を導き出します。 |
| 45．図形分割 | 図形の分割に関する問題集。パズルや合成の分野にも通じる様々な問題を集めました。 |
| 46．回転図形 | 「回転図形」に関する問題集。やさしい問題から始め、いくつかの代表的なパターンから、段階を踏んで学習できるよう編集されています。 |
| 47．座標の移動 | 「マス目の指示通りに移動する問題」と「指示された数だけ移動する問題」を収録。 |
| 48．鏡図形 | 鏡で左右反転させた時の見え方を考えます。平面図形から立体図形、文字、絵まで。 |
| 49．しりとり | すべての学習の基礎となる「言葉」を学ぶこと、特に「語彙」を増やすことに重点をおき、さまざまなタイプの「しりとり」問題を集めました。 |
| 50．観覧車 | 観覧車やメリーゴーラウンドなどを舞台にした「回転系列」の問題集。<br>「推理思考」分野の問題ですが、要素として「図形」や「数量」も含みます。 |
| 51．運筆① | 鉛筆の持ち方を学び、点線なぞり、お手本を見ながらの模写で、線を引く練習をします。 |
| 52．運筆② | 運筆①からさらに発展し、「欠所補完」や「迷路」などを楽しみながら、より複雑な鉛筆運びを習得することを目指します。 |
| 53．四方からの観察 積み木編 | 積み木を使用した「四方からの観察」に関する問題を練習できるように構成。 |
| 54．図形の構成 | 見本の図形がどのような部分によって形づくられているかを考えます。 |
| 55．理科② | 理科的知識に関する問題を集中して練習する「常識」分野の問題集。 |
| 56．マナーとルール | 道路や駅、公共の場でのマナー、安全や衛生に関する常識を学べるように構成。 |
| 57．置き換え | さまざまな具体的・抽象的事象を記号で表す「置き換え」の問題を扱います。 |
| 58．比較② | 長さ・高さ・体積・数などを数学的な知識を使わず、論理的に推測する「比較」の問題を練習できるように構成。 |
| 59．欠所補完 | 線と線のつながり、欠けた絵に当てはまるものなどを求める「欠所補完」に取り組める問題集です。 |
| 60．言葉の音（おん） | しりとり、決まった順番の音をつなげるなど、「言葉の音」に関する問題に取り組める練習問題集です。 |

# ◆◆ニチガクのおすすめ問題集◆◆

**より充実した家庭学習を目指し、ニチガクではさまざまな問題集をとりそろえております!!**

## サクセスウォッチャーズ（全18巻）

①〜⑱
本体各￥2,200＋税

全９分野を「基礎必修編」「実力アップ編」の２巻でカバーした、合計18冊。

各巻80問と豊富な問題数に加え、他の問題集では掲載していない詳しいアドバイスが、お子さまを指導する際に役立ちます。

各ページが、すぐに使えるミシン目付き。本番を意識したドリルワークが可能です。

## ジュニアウォッチャー（既刊60巻）

①〜⑥⓪（以下続刊）
本体各￥1,500＋税

入試出題頻度の高い９分野を、さらに60の項目にまで細分化。基礎学習に最適のシリーズ。

苦手分野におけるつまずきを、効率よく克服するための60冊です。

ポイントが絞られているため、無駄なく高い効果を得られます。

## 国立・私立NEWウォッチャーズ

言語／理科／図形／記憶
常識／数量／推理
本体各￥2,000＋税

シリーズ累計発行部数40万部以上を誇る大ベストセラー「ウォッチャーズシリーズ」の趣旨を引き継ぐ新シリーズ!!

実際に出題された過去問の「類題」を32問掲載。全問に「解答のポイント」付きだから家庭学習に最適です。「ミシン目」付き切り離し可能なプリント学習タイプ！

## 実践 ゆびさきトレーニング①・②・③

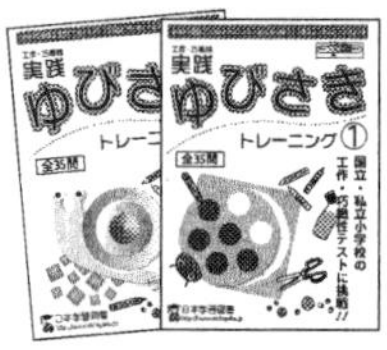


本体各￥2,500＋税

制作問題に特化した一冊。有名校が実際に出題した類似問題を35問掲載。

様々な道具の扱い（はさみ・のり・セロハンテープの使い方）から、手先・指先の訓練（ちぎる・貼る・塗る・切る・結ぶ）、また、表現することの楽しさも経験できる問題集です。

## お話の記憶・読み聞かせ

［お話の記憶問題集］
中級／上級編
本体各￥2,000＋税

初級／過去類似編／ベスト30
本体各￥2,600＋税

1話5分の読み聞かせお話集①・②、入試実践編①
本体各￥1,800＋税

あらゆる学習に不可欠な、語彙力・集中力・記憶力・理解力・想像力を養うと言われているのが「お話の記憶」分野の問題。問題集は全問アドバイス付き。

## 分野別 苦手克服シリーズ（全６巻）

図形／数量／言語／
常識／記憶／推理
本体各￥2,000＋税

数量・図形・言語・常識・記憶の６分野。アンケートに基づいて、多くのお子さまがつまづきやすい苦手問題を、それぞれ40問掲載しました。

全問アドバイス付きですので、ご家庭において、そのつまづきを解消するためのプロセスも理解できます。

## 運動テスト・ノンペーパーテスト問題集

新 運動テスト問題集
本体￥2,200＋税

新 ノンペーパーテスト問題集
本体￥2,600＋税

ノンペーパーテストは国立・私立小学校で幅広く出題される、筆記用具を使用しない分野の問題を全40問掲載。

運動テスト問題集は運動分野に特化した問題集です。指示の理解や、ルールを守る訓練など、ポイントを押さえた学習に最適。全35問掲載。

## 口頭試問・面接テスト問題集

新 口頭試問・個別テスト問題集
本体￥2,500＋税

面接テスト問題集
本体￥2,000＋税

口頭試問は、主に個別テストとして口頭で出題解答を行うテスト形式。面接は、主に「考え」やふだんの「あり方」をたずねられるものです。

口頭で答える点は同じですが、内容は大きく異なります。想定する質問内容や答え方の幅を広げるために、どちらも手にとっていただきたい問題集です。

## 小学校受験 厳選難問集 ①・②

本体各￥2,600＋税

実際に出題された入試問題の中から、難易度の高い問題をピックアップし、アレンジした問題集。応用問題への挑戦は、基礎の理解度を測るだけでなく、お子さまの達成感・知的好奇心を触発します。

①は数量・図形・推理・言語、②は位置・常識・比較・記憶分野の難問を掲載。それぞれ40問。

## 国立小学校　対策問題集

国立小学校入試問題A・B・C
（全３巻）本体各￥3,282＋税

新 国立小学校直前集中講座
本体￥3,000＋税

国立小学校頻出の問題を厳選。細かな指導方法やアドバイスが掲載してあり、効率的な学習が進められます。「総集編」は難易度別にA〜Cの３冊。付録のレーダーチャートにより得意・不得意を認識でき、国立小学校受験対策に最適です。入試直前の対策には「新 直前集中講座」！

## おうちでチャレンジ ①・②

本体各￥1,800＋税

関西最大級の模擬試験である小学校受験標準テストのペーパー問題を編集した実力養成に最適な問題集。延べ受験者数10,000人以上のデータを分析しお子さまの習熟度・到達度を一目で判別。

保護者必読の特別アドバイス収録！

## Q&Aシリーズ

『小学校受験で知っておくべき125のこと』
『小学校受験に関する保護者の悩みQ&A』
『新 小学校受験の入試面接Q&A』
『新 小学校受験 願書・アンケート文例集500』
本体各￥2,600＋税
『小学校受験のための
願書の書き方から面接まで』
本体￥2,500＋税

「知りたい！」「聞きたい！」「こんな時どうすれば…？」そんな疑問や悩みにお答えする、オススメの人気シリーズです。

書籍についてのご注文・お問い合わせ
☎ 03-5261-8951

http://www.nichigaku.jp
※ご注文方法、書籍についての詳細は、Webサイトをご覧ください。

日本学習図書　検索

**慶應義塾横浜初等部　専用注文書**

年　　月　　日

# 合格のための問題集ベスト・セレクション

## ＊入試頻出分野ベスト３

**1st　お話の記憶**
集中力　聞く力

**2nd　図　形**
観察力　思考力

**3rd　制　作**
聞く力　話す力　創造力

受験者数はこの状況でも増え、基礎学力を観る１次試験の合格のボーダーラインは高く、ミスのできない入試になっています。苦手分野は早めに克服しておきましょう。

| 分野 | 書　名 | 価格(税込) | 注文 | 分野 | 書　名 | 価格(税込) | 注文 |
|---|---|---|---|---|---|---|---|
| 図形 | Ｊｒ・ウォッチャー１「点・線図形」 | 1,650円 | 冊 | 数量 | Ｊｒ・ウォッチャー42「一対多の対応」 | 1,650円 | 冊 |
| 図形 | Ｊｒ・ウォッチャー４「同図形探し」 | 1,650円 | 冊 | 図形 | Ｊｒ・ウォッチャー46「回転図形」 | 1,650円 | 冊 |
| 図形 | Ｊｒ・ウォッチャー６「系列」 | 1,650円 | 冊 | 図形 | Ｊｒ・ウォッチャー47「座標の移動」 | 1,650円 | 冊 |
| 図形 | Ｊｒ・ウォッチャー８「対称」 | 1,650円 | 冊 | 巧緻性 | Ｊｒ・ウォッチャー51「運筆①」 | 1,650円 | 冊 |
| 図形 | Ｊｒ・ウォッチャー10「四方からの観察」 | 1,650円 | 冊 | 巧緻性 | Ｊｒ・ウォッチャー52「運筆②」 | 1,650円 | 冊 |
| 記憶 | Ｊｒ・ウォッチャー19「お話の記憶」 | 1,650円 | 冊 | 図形 | Ｊｒ・ウォッチャー53「四方からの観察　積み木編」 | 1,650円 | 冊 |
| 想像 | Ｊｒ・ウォッチャー22「想像画」 | 1,650円 | 冊 | 常識 | Ｊｒ・ウォッチャー55「理科②」 | 1,650円 | 冊 |
| 巧緻性 | Ｊｒ・ウォッチャー24「絵画」 | 1,650円 | 冊 | 常識 | Ｊｒ・ウォッチャー56「マナーとルール」 | 1,650円 | 冊 |
| 巧緻性 | Ｊｒ・ウォッチャー25「生活巧緻性」 | 1,650円 | 冊 | | １話５分の読み聞かせお話集①② | 1,980円 | 各　冊 |
| 常識 | Ｊｒ・ウォッチャー27「理科」 | 1,650円 | 冊 | | お話の記憶　初級編 | 2,860円 | 冊 |
| 運動 | Ｊｒ・ウォッチャー28「運動」 | 1,650円 | 冊 | | お話の記憶　中級編 | 2,200円 | 冊 |
| 行動観察 | Ｊｒ・ウォッチャー29「行動観察」 | 1,650円 | 冊 | | 新 運動テスト問題集 | 2,420円 | 冊 |
| 推理 | Ｊｒ・ウォッチャー31「推理思考」 | 1,650円 | 冊 | | 実践 ゆびさきトレーニング①②③ | 2,750円 | 各　冊 |
| 常識 | Ｊｒ・ウォッチャー34「季節」 | 1,650円 | 冊 | | | | |

| 合計 | 冊 | 円 |
|---|---|---|

| | |
|---|---|
| （フリガナ）<br>氏　名 | 電　話<br>ＦＡＸ<br>E-mail |
| 住　所　〒　　　－ | 以前にご注文されたことはございますか。<br>有　・　無 |

★お近くの書店、または記載の電話・FAX・ホームページにてご注文をお受けしております。
電話：03-5261-8951　FAX：03-5261-8953　代金は書籍合計金額＋送料がかかります。
※なお、落丁・乱丁以外の理由による商品の返品・交換には応じかねます。

★ご記入頂いた個人に関する情報は、当社にて厳重に管理致します。なお、ご購入の商品発送の他に、当社発行の書籍案内、書籍に関する調査に使用させて頂く場合がございますので、予めご了承ください。

日本学習図書株式会社
http://www.nichigaku.jp

## 家庭学習をトータルサポート！ ニチガクのオリジナル 効果的 学習法

**1 まずは アドバイスページを読む！**

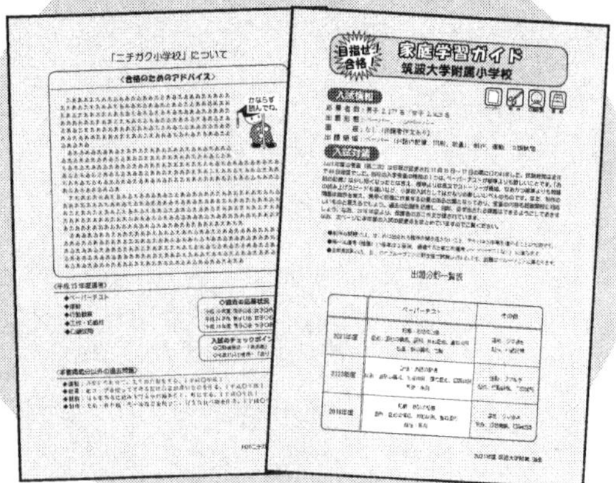


ピンク色です

対策や試験ポイントがぎっしりつまった「家庭学習ガイド」。分野アイコンで、試験の傾向をおさえよう！

**2 問題をすべて読み、出題傾向を把握する**

**3 「学習のポイント」で学校側の観点や問題の解説を熟読**

**4 はじめて過去問題にチャレンジ！**

**5 プラスα 対策問題集や類題で力を付ける**

### 過去問のこだわり

**最新問題は問題ページ、イラストページ、解答・解説ページが独立しており、お子さまにすぐに取り掛かっていただける作りになっています。**
**ニチガクの学校別問題集ならではの、学習法を含めたアドバイスを利用して効率のよい家庭学習を進めてください。**

**各問題のジャンル**

**問題8** 分野：図形（構成・重ね図形）

〈準 備〉 鉛筆、消しゴム

〈問 題〉 ①この形は、左の三角形を何枚使ってできていますか。その数だけ右の四角に○を書いてください。
②左の絵の一番下になっている形に○をつけてください。
③左には、透明な板に書かれた３枚の絵があります。この絵をそのまま３枚重ねると、どうなりますか。右から選んで○をつけてください。
④左には、透明な板に書かれた３枚の絵があります。この絵をそのまま３枚重ねると、どうなりますか。右から選んで○をつけてください。

〈時 間〉 各20秒

〈解 答〉 ①○４つ　②中央　③右端　④右端

*学習のポイント*

空間認識力を総合的に観ることができる問題構成といえるでしょう。これらの３問を見て、どの問題もすんなりと解くことができたでしょうか。当校の入試は、基本問題は確実に解き、難問をどれだけ正解するかで合格が近づいてきます。その観点からいうなら、この問題は全問正解したい問題に入ります。この問題も、お子さま自身に答え合わせをさせることをおすすめいたします。自分で実際に確認することでどのようになっているのか把握することが可能で、理解度が上がります。実際に操作したとき、どうなっているのか。何処がポイントになるのかなど、質問をすると、答えることが確認作業になるため、知識の習得につながります。形や条件を変え、色々な問題にチャレンジしてみましょう。

【おすすめ問題集】
Jr.ウォッチャー45「図形分割」

### 学習のポイント

各問題の解説や学校の観点、指導のポイントなどを教えます。
今日から保護者の方が家庭学習の先生に！

### おすすめ対策問題集

分野ごとに対策問題集をご紹介。苦手分野の克服に最適です！
＊専用注文書付き。


2024年度版　慶應義塾横浜初等部
過去問題集

発行日　2023年5月19日
発行所　〒162-0821 東京都新宿区津久戸町 3-11-9F
日本学習図書株式会社
電　話　03-5261-8951 ㈹





ISBN978-4-7761-5495-2
C6037 ¥2000E
9784776154952
1926037020004
定価 2,200 円
(本体 2,000 円 + 税 10%)


詳細は http://www.nichigaku.jp 日本学習図書 検索